図解 ニュースに出る経済数字の本当の読み方

一生受用的數據速讀術

解讀新聞中的經濟數字

認知作戰是真是假？
提問、拆解數據，揭穿新聞沒有說的真相！

金融教育・金融評論家
角川 總一 ——— 著　趙鴻龍 ——— 譯
Souichi KADOKAWA

U0073102

楓葉社

前言

〈關於本書的構成和使用方法〉

本書首先會在第一章列舉報紙與電視等新聞媒體中經常看到、聽到的經濟數據和經濟常識,並提出是否可以原封不動地相信這些數據的疑問。關於這些提問的詳細內容,第二章之後會以實際數據和實例為基礎,用淺顯易懂的方式加以說明。

另外有一點請讀者注意,沒有必要把本書從頭到尾整個讀完一遍,不妨只挑自己感興趣或關心的部分來閱讀即可。

讀者只要粗略地看過第一章的內容,就會瞭解我們從新聞直接接收到的資訊和數據,往往存在各式各樣的問題,受到各種人為的操縱,想必大家一定會因此嚇得目瞪口呆。

為了避免受到這些堪稱謊言或世俗之說的資訊玩弄於股掌之間,甚至被欺騙,請大家務必要掌握第二章介紹的技巧,拆穿各種騙術。

〈本書的目標〉

政府在宣傳政策時,為了讓國民對其正確性和效果留下深刻印象,會巧妙地引用經濟統計數據。在2012年底挾著安倍經濟學等一系列政策上台的第二次安倍政權以後,這個現象尤為明顯。

為了主張安倍經濟學帶來效果,我們經常看見首相親口將「就業者大幅增加」的數據掛在嘴邊,甚至在國會質詢時也會用「你

看，股票不也上漲不少嗎？」的說詞，來替自己的政策辯護。

即使絕大多數的讀者都對這些語言和數據抱持著懷疑的態度，恐怕也沒有確切的證據足以證明其真實性。況且，人們每天接觸到大量媒體並沒有事前加以批判就發布資訊，觀眾往往會在這個過程中誤以為新聞報導都是正確且具常識性的資訊和數據。

對於政府所提出，或者大眾普遍認為理所當然的許多經濟數據的解釋，若站在不同的角度來看，就能看到截然不同的景象。

讓我們通過各式各樣的實例來體驗一下吧。這就是本書的終極目標。

〈數據不會說謊……但人類呢？〉

財經新聞中報導的數字，一定會出現在某種語境當中，並且肩負著某種意義或評價。

如果說「出口帶動GDP上升1.9%」，那麼這句話就包含了「上升1.9%」的價值評價；如果說「日本的對外淨資產為380兆日圓」，這句話就意味著「日本是世界上最富裕的國家」。像「失業率從4.1%下降至2.3%」這樣的新聞，會和「就業形勢大幅改善」這類價值觀同時被報導。

我們接收到的評價和價值觀是否公正？是否只有呈現這類觀點？不能換個角度觀看嗎？我想大部分的人可能都沒有意識到這些問題。然而無論是什麼樣的經濟數據，其實都可以從多個角度來觀察。

「數據不會說謊，但如果想說謊，用數據就可以了。」

這句格言乍看之下似乎不合邏輯，可是卻一語道破了所有數據的本質。

數據本身是無機物，賦予這些無機物意義的，是處理這些數據的人類。

換言之，這些無機物數據在什麼樣的語境下使用，其意義和價值評價將會輕易地產生變化。

隨著數據的使用方式，人們可以任意地操作印象。

〈解讀經濟數據的技巧與技能〉

舉例來說，假設像黑白棋一樣，只要在某個點擺上棋子，就能一口氣將敵人的棋子全部翻轉過來。

換言之，換一種觀點就會讓評價發生180度的大轉變。經濟統計數據也是如此，它可以從多個角度進行分析。

想當然，如若要「擺放新棋子」，需要具備好幾種基本技術（或是技巧、技能）。本書會透過實例來介紹這些基本技術。

一般人針對數據的觀點，往往是提出虛構的數字來進行描述，但本書並不採用這種方法。為了讓讀者盡可能地以真實的感受來理解，原則上會以現實的數據為例來說明。

本書所介紹的解讀經濟數據的技巧如下。

① 詢問數據涵蓋的期間是否合理
② 將數據分解成幾個因數（區分內容）
③ 對於倍、百分比數據這類次級資料，一定要檢查實數（初級資料
④ 確認數據的定義和單位
⑤ 詢問該數據是名目值或實質值
⑥ 試著改變貨幣的種類

⑦ 當數據以％（變化率）來顯示時，檢視實數值（水準）

⑧ 檢查是否有其他的因果關係發揮作用

　　不管是哪一種技巧，幾乎都會立刻讓讀者意識到「什麼啊，原來是這麼回事」。

　　但是，我認為大多數的人應該都沒有接受過解讀經濟數據的基本訓練。

　　說到這裡，我現在又再次覺得，本書所提到的內容，起碼應該成為中學課程的必修主題。

〈前言的最後〉

　　當我想到這些事情的時候，不禁回想起以非洲某個國家的小學為背景的紀錄片其中一幕。

　　在簡陋的帳篷小屋教室裡，上課的孩子對老師問道：「我們為什麼要學習？」

　　聽到孩子們的提問，老師則是這麼回答：「學習是為了讓我們避免上當。」

　　這個國家的人們，究竟上了西歐各國多少次的當呢？

　　而如今，中國大資本又正在對礦山公司或大型咖啡園的工人持續進行什麼樣的壓迫呢？

　　反觀日本，卻幾乎沒有「為了避免上當而學習」的文化。

　　日本對於世界的認識是基於性善論。尤其在青少年階段的教育領域，教育方對兒童和學生提倡「學習是為了避免上當」；就某種意義上來說，我認為這甚至是一種禁忌。

　　不過，我認為現在時代已經不一樣了。在安倍政府執政以後，

這種現象更是明顯，若我們仍渾渾噩噩地過日子的話，很容易就會受到政府的印象操作所擺布。

我希望透過本書，讓大家瞭解政府是如何利用數據來操作國民對經濟的印象；當站在批評的立場時，應該要怎麼做才好。

如果讀者還能同時切身感受到原來經濟數據可以有如此多樣的解讀方式，那麼對於筆者來說，再沒有比這更讓人欣慰的了。

2019年4月吉日

金融資料系統代表

角川總一

解讀新聞中的經濟數字

Contents

第2章 轉換視角就能看見問題

第3章 分解資料

Column

◆　內文插圖　　恽田進一

◆　內文設計　　朝川尚貴（Hikidashi）

◆　圖表製作　　原田弘和

◆　編輯　　　　安藤彩紀

◆　企劃、編輯　山田真司（エマ・パブリッシング）

Is that true?

第 1 章

財經新聞的內容
是真是假？

「安倍經濟學推動就業者增加了 400 萬
人」、「日圓貶值能使出口增加」、「日本
糧食自給率非常低」……在這類新聞中
經常看到的「經濟常識」和「數字」，我
們是否能夠全盤接受？

財經新聞的內容 是真是假？

雖說日本股票上漲，但當時的美國股票也正同樣上漲⋯⋯。

因此，「日本獨有的政策發揮作用」而導致股價上漲的理論完全站不住腳。

如果只有日本的股票上漲，還能視為是安倍經濟學的成果⋯⋯。

➡光看某個時期是看不出來的！ 整理因果關係的基礎

總之，經濟機制十分複雜，說得好聽一點就是複雜系統。畢竟各種經濟要素會相互影響，其因果關係也會經常發生逆轉的情況。

再加上現在的經濟交易是在國際層面上進行，所以因果關係不太可能純粹只在國內完成。

安倍首相在回應在野黨的政策批評時，通常都是以「因為股票已經漲到那麼高了！」這句話來辯解。

確實，從日經平均指數來看，2012 年 12 月 26 日第二次安倍政府上台的那一天是 1 萬 400 日圓，兩年後上漲至 2 萬日圓。

這也難怪首相要將這個結果歸功於「安倍經濟學」帶動了「日本股票上漲」──但是，請稍等一下！

在「○○是政策效果造成的結果」這類主張下，當出現某種數據時，「重新審視導致結果的原因」是基礎中的基礎──也就是「能否考慮其他原因？」

那麼，從這個角度來看，該如何解讀安倍經濟學下的日本股市上漲才合適呢？讓我們在第 70 頁學習這個方法吧。

Honto Uso?

除此之外的原因有……

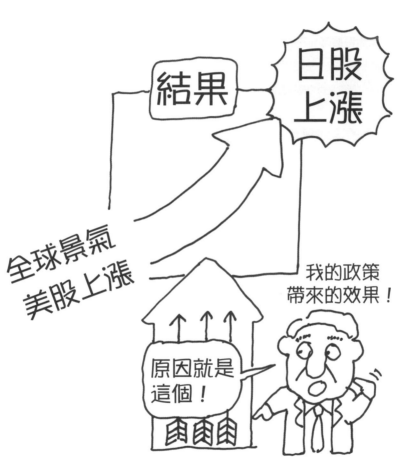

我的政策讓股市上漲了。

財經新聞的內容是真是假？

再怎麼樣也不能照單全收——有一種說法是這麼認為。

「有效求人倍率上升」這類數據就是最典型的例子！

聽到這類數據時，不妨先打點折扣。

➡日本的人口呈現什麼樣的結構（金字塔）？

「有效求人倍率不是大幅改善了嗎？」——這也是想推崇安倍經濟學成果的安倍首相常掛在嘴邊的話。（※編註：「有效求人倍率」意指有效職位數量與有效求職人數的比率）

雖說求人倍率「大幅改善」或「顯著改善」，但與其說是「改善」，不如說「有一半是偶然的產物」，根本算不上政策所產生的效果。

事實上，當我們聽到這個倍率時，內心必須預先打些折扣。因為這個數據有灌水的嫌疑。

這是怎麼回事呢？

用倍率表示的數據，當然是「次級資訊」。也就是次級資料。換言之，這是對原始數據進行加工後得到的數據。

有效求人倍率是以「有效求人數÷有效求職者數」來計算。

所謂的「有效」，是指求職票（※譯註：由Hello Work或大學發行，為正在找工作的證明）求人票（※企業公開的徵才資訊文件）的效力期限在2個月以內。所以，如果我們試著將有效求人倍率的數據＝數字拆解開來，會發現有什麼樣的不同？

根據數字的真實情況，我們可以清楚地看出，不能說是非常明顯地「大幅改善」。

詳細內容請見第98頁之後的解說。

Honto Uso?

倍率是次級資料

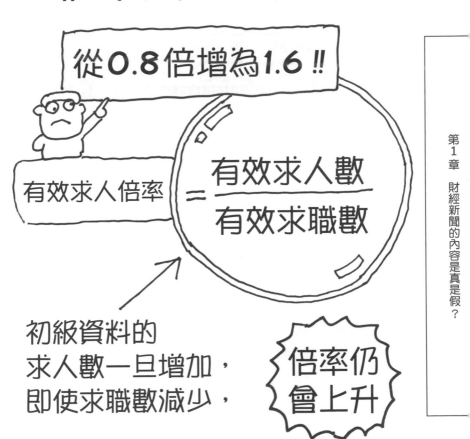

從0.8倍增為1.6!!

有效求人倍率 = 有效求人數 / 有效求職數

初級資料的
求人數一旦增加，
即使求職數減少，

倍率仍
會上升

若沒有檢視初級資料的話…

財經新聞的內容是真是假？

POINT!

什麼人才算是就業者？
一旦檢視詳細內容……

安倍經濟學
使就業者激增
約有430萬人？

雖然統稱為「就業者」，但無論是「每週在便利商店工作2天，每天工作5小時」的打工族，還是「每月在大企業加班60小時，經常工作到三更半夜」的課長，都同樣被算成是一名就業者！

這難道不奇怪嗎？

➡不能說「就業者增加就好」

「就業人數」被視為是經濟政策中最重要的數據之一。

用教科書式的說法，就業者增加，代表相應的職缺增加了。

從企業的角度來看，由於工作量增加，因此需要人手；工作量增加，就意味著景氣良好。

政府可以很有自信地說，這是經濟政策順利執行的證據。

從以前開始，景氣對策的重心，都是放在增加就業者、減少失業者上面。

美國的中央銀行FRB（※譯註：聯邦準備理事會，簡稱聯準會）宣稱「確保物價穩定和就業」是其金融政策的目的，這點與日本銀行稍有不同。

然而遺憾的是，雖說就業者增加了約430萬人，但這個數據我們也不能就這麼照單全收。

說得稍微好聽一點，就業人數之所以增加，是因為「勞動環境的多樣化」正在迅速發展。

從前我們還能說：「欸——增加了這麼多就業者啊，看起來政策還算成功嘛。」但如今可不能用「就業者增加就好」來一語帶過。

這是為什麼呢？答案就在第102頁。

Honto Uso?

就業者增加了430萬人

內容究竟為何……

財經新聞的內容
是真是假？

POINT!

注意數據涵蓋的期間
是否合理

安倍經濟學
使失業率從4.1%
大幅改善至2.3%？

日本的失業率並非在實施安倍經濟學之後才開始下降。

它是在更早之前，從民主黨執政時期開始就持續下降。

公開發表時不提及執政之前的情況，這不正是典型的印象操作嗎？

➡試著參考前後的數據⋯⋯

數據本身不會說謊。

然而，根據數據的使用方法，可以輕易地控制看到數據的人的印象。這是解讀數據時必須特別注意的原則之一。

安倍政府經常引用的「顯示失業率大幅改善的數據」也是如此。

「我開始執政時的失業率為4.1%，而近年來已經大幅改善至2.3%。」——安倍首相如此說道。

但是，這裡卻完全沒有提及安倍政府執政前的失業率變化。

換句話說，這裡只顯示一定時間內的數據。期間的挑選方式全憑自己喜好。

我再重述一遍，這個數據本身是正確的。不過，大部分的人根據這個數據聯想到的內容反而是錯誤的。

「截取這個數據的方法是否正確？」——當產生這樣的疑問時，就要參考前後的數據。這是正確看待經濟數字的一項技能。

對於「安倍經濟學使就業形勢好轉」、「作為其中一環的失業率急劇下降」這類主張，不妨試著參考用來反映「失業率早在民主黨執政時期就已經開始改善」的數據。這部分只要檢視圖表就能一目瞭然，機制非常單純。（→詳細說明請見第74頁）

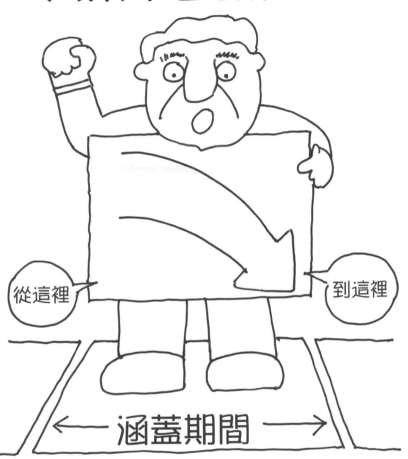

05 財經新聞的內容是真是假？

比較的前提條件和時代背景是否相同？

日本在民主黨執政下，經濟成長率比安倍經濟學實施時還要高？

在 2015 年的國會上，民主黨提出「從 GDP 來看，民主黨時代的經濟成長率比安倍執政時期還要高！」的主張。

在不同的時代背景等前提下單純加以比較，只會讓人覺得這是刻意無視時代背景的議題。

➡注意搭配想要主張的合適數據和展示方式！

各位讀到這裡，心中或許會產生「筆者該不會反對安倍經濟學吧？」這樣的疑問。因為到目前為止，我一直對安倍經濟學的政策效果提出質疑。

不過我在這本書中，既沒有站在特定的立場全盤否定某個政府的政策，也沒有打算只以一定的意識形態來看待事物。我的目的是將接近經濟數據本質的基本方法論傳達給各位，所以只會根據事實來指出新聞中的謬誤。

此外，具有特定立場的人，往往會掉入所謂的「圈套」（陷阱）之中。

那是因為想要主張的內容早已決定好，為了配合這個目的，因此拿出對自己有利的數據，朝對自己有利的方向進行解讀。

回顧過去，安倍政府在國會解釋有關經濟數據的主題時，也都是採取這樣的做法。

這個「民主黨政權時期與安倍政權時期的 GDP 比較」的主題，內容非常簡單。這是故意在無視時代背景截然不同的情況下，來討論政策優劣的初步錯誤。

而且，就連報導此事的媒體也被捲入其中——我也想一併說明一下這種情況。（解說請見第 146 頁）

Honto Uso?

條件如果不同
具有背景的全球動向

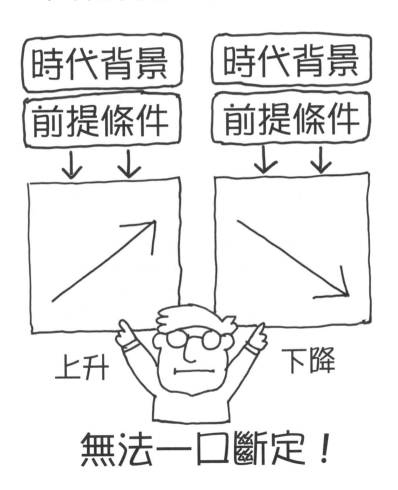

上升　　　　　　下降

無法一口斷定！

財經新聞的內容是真是假？

日圓貶值，出口數量必定會增加嗎？

金額＝數量×價格

2014年，首相官邸委託幾個智囊團，針對「日圓貶值得這麼厲害，出口量為何沒有增加？」一事進行調查。

看樣子，這個事實應該是相當「出乎長官們的意料」吧。

因為日圓一旦貶值，按理來說出口數量應該會增加……。

➡ 是「金額」還是「數量」？——這就是問題所在

安倍經濟學開始實施後，首先就面臨這道難關。「日圓只要貶值，出口一定會增加！」——問題就是從這裡開始發生的。

然而，實際情況卻並非如此。於是，慌了的政府便連忙到處委託單位進行研究。

「出口增加了」——僅憑這一點無法判斷。唯有詢問「增加的是金額還是數量？」我們才有辦法掌握這些數字和數據的意義。

但在一般情況下，大部分的對話和文章都不會對此做出區分。

就連企業的營收也是如此。一般來說，「營收增加」通常是指「金額」，但如果仔細詢問的話，就會發現有時是指「輛數」或「數量」。是「金額」還是「數量」，在經濟數據中的意義截然不同。

2013年4月開始實施的安倍經濟學，其中的異次元量化寬鬆就進一步推動了日圓貶值。到了隔年2014年，日圓從100日圓一下子跌到120日圓，共貶值兩成。

當然，出口金額也增加了。然而，出口數量並沒有隨之增加。

1美元＝80日圓時，賣出1萬美元的小型轎車，實際收入為80萬日圓。若1美元＝100日圓，那麼收入就是100萬日圓。營收看起來確實有大幅度的成長。這原本應該是「值得開心」的一件事，但官邸方面卻認為「光看這一點是估計錯誤」。

這是為什麼呢？詳情請見第172頁。

Honto Uso?

日圓一旦貶值…

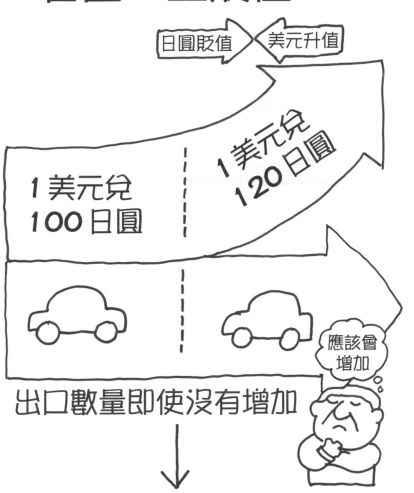

日圓貶值 美元升值

1 美元兌 120 日圓

1 美元兌 100 日圓

應該會增加

出口數量即使沒有增加

金額也會增加

財經新聞的內容是真是假？

從前安倍總理曾突然提出「以人均國民總所得（GNI）作為施政目標」。

可是，最近已經幾乎完全聽不到GNI這個名詞了……。

政府像這樣提出新的指標時，到底有什麼樣的目的？

➡政府都是想到什麼就說什麼

這件事發生在安倍經濟學正式實施後不久的2013年6月。安倍首相開始提出「10年後讓人均國民總所得（GNI）增加為150萬日圓以上」。

從常識來看，成長率應該是用GDP（國內生產毛額）來衡量，但政府卻是把GNI（國民總所得）當成標準。

可是近年來已經幾乎看不到GNI這個名詞了。政府也不再於正式場合提起這個統計數據的名稱。

安倍首相開始將一般人不熟悉的經濟指標掛在嘴邊，其真正的意圖究竟是什麼呢？我想告訴各位的是「政府只是想到什麼就說什麼罷了」，而這次的GNI風波就是最佳的例子。

當政府開始提出新的指標時，我們最好抱持懷疑的態度。因為多半是別有居心。

以結論來說，比起GDP，用GNI來表示，經濟規模看起來會比較大。而且，今後日本的人口只會不斷減少，可以預期國內的生產和銷售將會萎縮，而企業會更進一步朝海外發展。一來一往之下，可以算出GNI的成長應該比GDP要來得更高。

話說回來，到底什麼是GNI？為何近年來GNI這個名詞愈來愈少出現了呢？請見第126頁的說明。

Honto Uso?

過去GDP是常識

提出新的指標

GNI
別有居心
（其實只是想讓數字
比較好看）

只要改變指標的話……

財經新聞的內容是真是假？

民間和在野黨自從 2019 年初開始，就對政府的統計數據採取不信任的態度。但是，過去政府本身也曾經對數據表示懷疑。
2015 年，當時的財務大臣麻生就曾提出「有幾項統計數據比起實際的數字還低」這類的問題。

POINT!

政府總是希望可以拿出足以誇耀政策效果的數據

政府也對自身製作的統計數據表達過不信任？

➡為何對自己發表的統計數據抱持疑慮？

「政府的統計數據或許不能正確地反映現實情況」——像這樣的質疑由來已久。專家從很久以前就指出，僅憑單一數據就急於做出結論的危險性。

內容包括「家庭收支的調查樣本數不多，替換數據時的連續性令人存疑」、「民間庫存的正負很難判斷景氣是好是壞」，以及其他項目中提到的 GDP 和物價指數資料的極限等等。

不過，至少政府自己在公開場合對政府統計表示懷疑是非常罕見的事情。

2015 年 10 月，當時的財務擔當大臣麻生太郎，就曾在經濟財政諮詢會議上拋出「現在的統計數據，計算得比經濟實際情況還要低」這樣的問題。

話雖如此，卻非直接露骨地表示「太低了」，而是用「是否有必要改進基本統計方法來估計 GDP，以此作為適當實施經濟政策的基礎？」這種委婉的方式提出問題。

這句話真正要表達的意思是「這樣的數據有可能意味著安倍經濟學失敗了」。

這裡提到的家庭調查、每月勞動統計、消費者物價指數等內容，請詳見第 122 頁。

Honto Uso?

對我有利、對我不利…

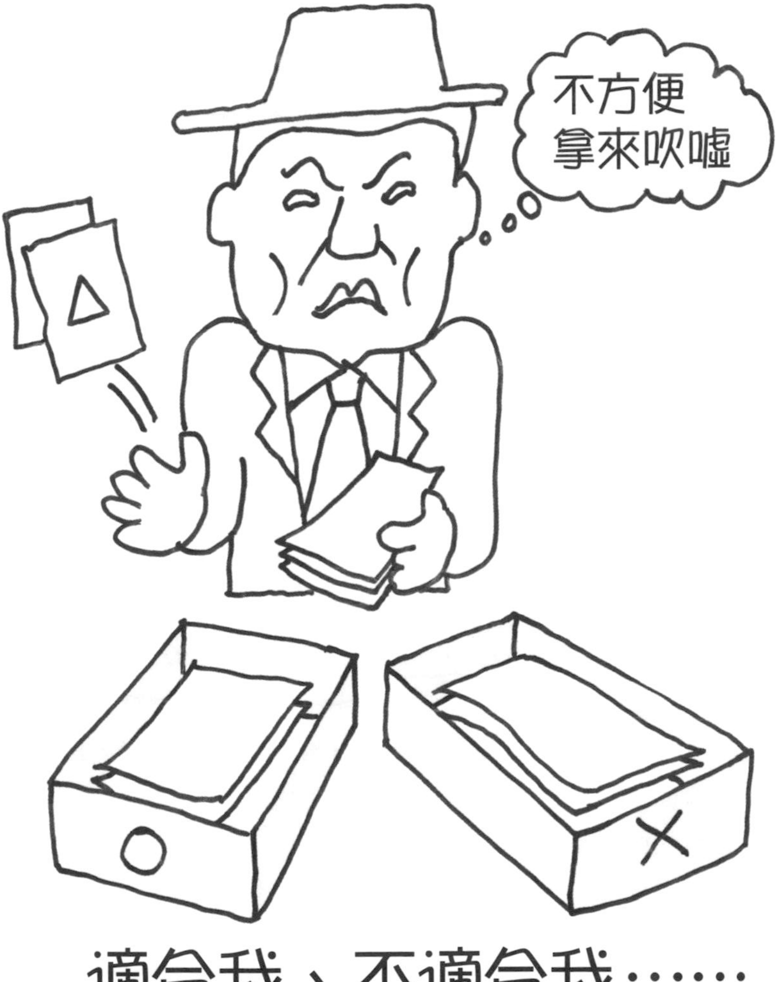

適合我、不適合我……

09 財經新聞的內容是真是假？

POINT!
不僅要確認變化率，也要確認原始的數值

GDP只要看前期（年）比就好？

「2018 年的個人消費，比起前一年增加了 0.8%。」經濟數據大多都會像這樣，以比較前一年的方式來表示。

但是，從原來的數值、實際金額來看，其實不難看出「2014 年因消費稅增加而減少的個人消費，總共花了 5 年的時間才恢復！」這個事實！

➡光比較前一年、前一個月，會漏掉重要的真相！

大多數的經濟統計數據，都是以比較前一年或前一個月的方式來表示。

像住宅動工或汽車銷售等，有時也會用屋數或輛數來表示，但大部分都是與前一年或前一個月相比。

消費者物價指數的變動是以與前一年相比來表示，礦業生產也是以前一年或每季度公布的 GDP 比較上一期的變動來表示——換言之，都是呈現變化率。

因為「最新公布的數據發生什麼樣的變化？」讓大家瞭解這個變化的「方向」和「趨勢的強度」是很重要的，所以才會產生這樣的目的和想法。

雖然這個出發點本身並沒有錯，但短期觀點下呈現的數據變動，無論如何都會被優先報導出來，而且我們都會認為那是理所當然的。

不僅要掌握數據變動的「方向」和「能量」，也要從長期的觀點重新審視被加工成變化率之前的實數值，這樣才能開始發現許多問題。

關於這些內容，將在第 106 頁進一步說明。

即便下降**2%**…
變化的方向和強度

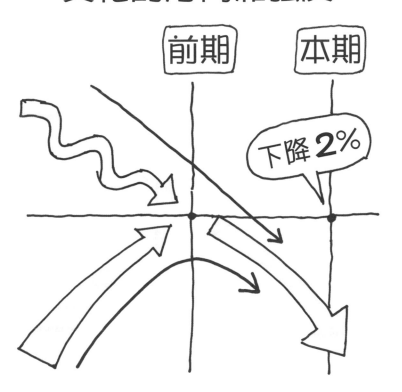

前期　本期

下降**2%**

從哪個方向，用什麼樣的強度……

財經新聞的內容是真是假？

日經平均股價在2018年9月來到2萬4千日圓附近，這是自1991年以來時隔27年的最高點。

然而，要說價值和27年前一模一樣，恐怕沒有幾個人會相信。

因為再怎麼說，這段期間所有的物價平均都上漲了10%──。

➡股價為何只用名目值來表示？

「日經平均股價時隔27年創下新高」──在2018年9月曾經有過這樣的報導。

當時，日經平均股價來到2萬4千日圓之譜，這是自1991年10月以來的頭一次。

「哎呀，竟然能漲到那麼高，真是不得了。」──我想有不少人看到這個數字都會有這樣的看法吧。

但是老實說，這段期間的物價（消費者物價指數）也上漲了約10%左右。

也就是說，日經平均股價的真正價值並沒有回到27年前的水準。

如果扣掉這段期間上漲10%的物價，實際上認為比1991年當時還低了10%還比較來得恰當。

想要恢復實際的價值，股價起碼還需要再上漲10%，來到約2萬6400萬日圓左右才行。

如果只看名目值，而不看實質值的話，就會錯過真正的數字含義。

關於這些內容，將在第150頁做更詳細的解說。

Honto Uso?

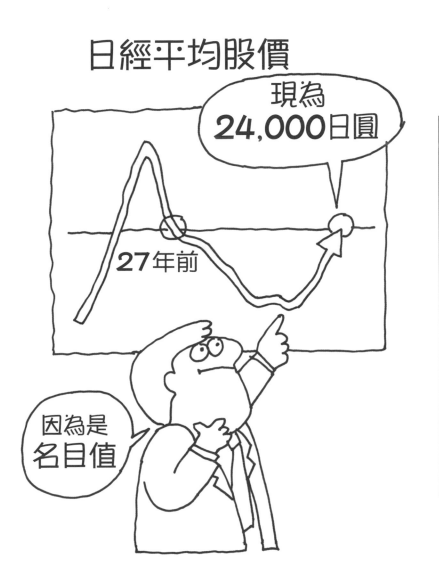

感受到的價值因人而異…

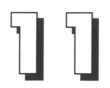

財經新聞的內容
是真是假？

日本政府隨意引用數據並不是從今天才開始。
很久以前，農林水產省等部會就曾以「我國
的糧食自給率為『38％』，放眼全世界是非
常低的水準」這樣的說法來欺騙國民。
世界各國使用的標準明明高達「66％」——。

POINT!
詞彙與用語的定義
是否正確？

日本的糧食
自給率為38％，
在世界排名幾近最低？

➡其實日本的糧食自給率沒有想像中那麼低

各國針對是否加入TPP（跨太平洋夥伴協定）這件事引發爭議。這是什麼時候的事情呢？當時雖鬧得沸沸揚揚，但在美國退出之後，終於在2018年12月正式簽署生效。讓人感覺是很久以前的事了。資訊量愈大，記憶就離過去愈遠——不知道這是否為一種自然規律？

至此，圍繞著TPP的議題，日本的輿論形成兩派意見。

當然，原則上「通過會員國零關稅來刺激經濟」是TPP最大的理念。

當時的首相表明加入TPP的意願，從那以後，官方和民間就針對加入TPP一事進行各式各樣的討論。

這裡想提到的是，反對加入TPP的一大勢力農林水產業界所主張的所謂「糧食安全保障問題」。

「加入TPP後，原則上會變成零關稅，那時如果從海外進口大量廉價農產品的話，日本的農業可以預見將會大幅衰退。在這種情況下，原本就偏低的糧食自給率還會更雪上加霜，最後變得一發不可收拾。」——農林水產業界如此主張。

然而後來卻發現，這個「38％」的數字於海外並不通用。

真相到底如何？請見第154頁。

Honto Uso?

如果通過**TPP**實現**O**關稅的話

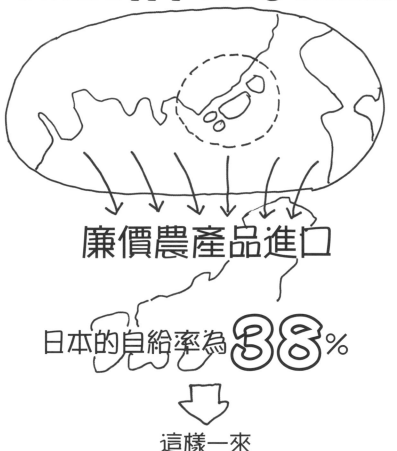

廉價農產品進口

日本的自給率為**38**%

這樣一來

農業將會衰退！

財經新聞的內容是真是假？

「雖然父親的薪資完全沒有調漲，但在兒子開始工作之後，家裡總算有了多一點的收入，這讓全家的負擔變得輕鬆不少。」像這樣的情況套用在國家上也一體適用嗎？

➡個體（魚眼）與總體（鳥眼）的兩種觀點

在2015年12月的眾議院大選中，執政黨和在野黨之間發生了一場小小的論戰。

在這場選戰中，實際上在觀察經濟數據時有個非常有幫助的討論。

當時正值第二次安倍政府執政的第三年。大家都很清楚，解讀安倍經濟學成敗與否的最重要主題，就在於「家庭消費動向」。日本的通貨緊縮已經持續超過20年，而擺脫通貨緊縮的關鍵就在於家庭消費。

薪資則是對家庭消費產生重要影響的因素。

自2014年以來，安倍政府每年都會要求產業界提高薪資，之所以這麼做也是出於上述原因（暫且不論政府干涉民間企業的薪資水準問題）。

在這種情況下，當討論到「就業、薪資」（即勞動市場）的現狀時，執政黨和在野黨在這次選戰中提出了完全不同的經濟統計數據。

這也是一個從個體或總體經濟學的角度來檢視經濟數據的問題。這是觀察經濟數據時非常重要的觀點。

在野黨以「薪資」數據作為攻擊武器，而執政黨自民黨則拿出「就業者所得」的數據來反擊。

雙方的對決結果為何？（→解說請見第92頁）

Honto Uso?

即使薪資下降…

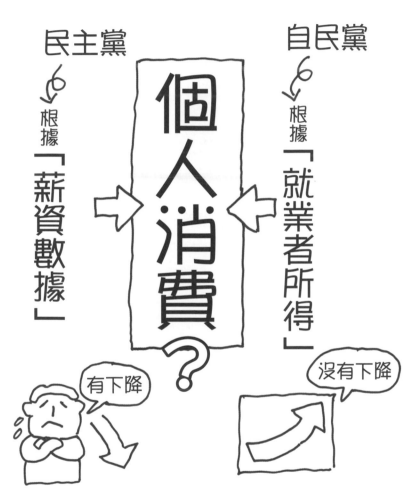

……所得沒有下降！

財經新聞的內容 是真是假？

13

實質薪資上漲，
生活品質
就會隨之提升嗎？

「僅憑失業率和就業增加人數的資料，並不是不能判斷就業狀況……」。

2014年1月就任美國聯準會主席的珍妮特・葉倫（Janet Yellen），一上任就堅定地向周遭透露上述的感言。

➡ 光憑「失業率」和「就業人數增減」並無法判斷景氣狀況！

珍妮特・葉倫曾擔任相當於美國中央銀行的聯準會（聯邦準備理事會）主席，時間長達五年。在她就任主席之前，前主席伯南克（Ben Bernanke）曾提出「在失業率達到6.5%時擺脫量化寬鬆政策」的政策目標。

「如果失業率下降到6.5%，就意味著美國的景氣非常穩定，所以停止大規模的量化寬鬆政策也無妨。」──伯南克發表這樣的正式評論。

看過葉倫後來發表的各種評論之後，我認為她恐怕在上任之初就對這種單純的施政目標表示不敢苟同。

雖然6.5%的水準只是大致的目標，但只以失業率為指標來調整金融政策，這樣的想法應該可以說是非常粗暴。

葉倫女士認為，除了「失業率」或「就業人數的增減」這類股票市場較重視的資料之外，再加上「希望從事正職工作卻只能打工的勞工人數增加」、「面臨就業上的困難而放棄就業活動的人數和長期失業人數」，以及「每小時薪資」等指標，應該從綜合的角度來判斷就業情況。

有這樣的觀點也是理所當然。這也適用於日本。（→解說請見第132頁）

Honto Uso?

景氣狀況的判斷……

從失業率 **6.5**%來看

需**考量**更多方面

就業狀況的判斷

「各種因素」+「每小時」都要納入考量…

財經新聞的內容是真是假？

「雖然政府說所得替代率是50％，但實際領取老年年金的時候，才發現它是現役時代薪資的40％，那麼50％這個數字到底是怎麼計算出來的？該不會是騙人的吧？」——可能有人會這麼認為。

➡這種說詞讓人摸不清頭緒！ 需要明確詞彙的定義

對於日本的經濟社會來說，年金財政是目前最重要的主題之一。

換句話說，隨著少子高齡化的現象進一步加劇，現役世代（※譯註：指20～60歲處於工作年齡階段的人）負擔的高齡者年金資金，究竟能夠提供到什麼程度呢？

這個主題的核心概念是：相較於在職階段的所得，退休後能夠拿到多少老年年金？

目前日本的年金財政，並非採取「自己累積的資金受到充分運用後，可以在將來領取」的機制，而是「從現在青壯勞工的所得扣繳的保險費，作為老年年金支付給老年人」的徵收方式。

從管理年金財政的角度來看，「老年年金的領取金額÷現役世代的所得金額」的比例該設定在何種程度，是非常重要的政策課題。

如果不設定這個比率（＝目標），就無法決定年金保險費率。

那麼，現在這個目標是用什麼方式呈現出來的呢？

那就是「所得替代率」這個數字。

然而，以我們的常識來看，這個「所得替代率」的計算公式一時之間實在讓人難以搞懂……。

詳細解說請見第158頁。

Honto Uso?

領取的年金金額為

以**所得替代率**
50%來看

> 能拿到
> 現役時代薪資
> 的 50％ 嗎？

心中如此懷疑

請等一下！

$$所得替代率 = \frac{老年年金領取金額}{現役世代的所得金額}$$

知道這句話的定義之後…

財經新聞的內容是真是假？

安倍經濟學開始實施之後，家庭持有的上市股票從62兆日圓增加為97兆日圓——。
沒想到竟然增加了六成！
但是，這段期間的平均股價也變成兩倍。扣掉平均股價的變動，實際上家庭持有的股票其實正在減少!?

➡安倍經濟學期間的個人實際股票持有金額減少

我覺得社會上關於家庭經濟狀況的討論，往往都偏向於「薪資」方面。

在評論安倍經濟學政策的時候也有這樣的傾向。

然而，我們的經濟富裕程度並不是光靠薪資來決定，擁有多少金融資產也是非常重要的一件事。

打個比方，我們可以拿「年收入雖然只有200萬日圓，但擁有從祖先那裡繼承下來的田地、山林，以及相當於3億日圓的租賃用住宅」的家庭，和「年收入800萬日圓，但資產只有200萬日圓的儲蓄」的家庭兩相比較。

從經濟方面來看，可以說前者比較富裕。

由此可見，決定我們經濟富裕程度的不僅是薪資，也大大地取決於我們擁有多少金融資產。

此外，從總體經濟學的角度來看，家庭的金融資產餘額資料也是觀察個人消費活躍程度的重要因素。

那麼，當我們觀察金融資產餘額時，能夠看見什麼呢？

說實話，在安倍經濟學實施的期間，個人持有的股票價值實際上正持續不斷地減少當中。

這個驚人的詳細內容請見第162頁。

Honto Uso?

家庭股票高達 **97** 兆日圓

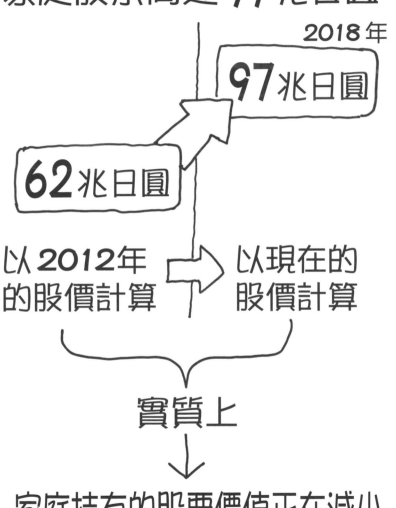

2018 年

97 兆日圓

62 兆日圓

以 2012 年
的股價計算

以現在的
股價計算

實質上
↓

家庭持有的股票價值正在減少

財經新聞的內容是真是假？

儘管 GDP 有所成長，但如果原因為企業庫存增加、進口減少的話，就無法按照帳面上的數字做出評價。

非但如此，反而將其解讀為經濟不景氣還比較適當。

➡不能全盤接受 GDP 的表面數據

正如本節開頭所提到的例子，GDP 統計上可以找碴的地方實在太多了。

只要是稍微瞭解如何觀察 GDP 的人就能輕易察覺出來。

明明數值呈現好轉，景氣卻有可能惡化，這究竟是怎麼回事？

「GDP 未必能反映景氣的實際狀況。」

如果這是事實的話，搞不好會讓我們的世界觀開始出現崩塌。

因為大部分的人都相信，GDP 統計可以充分掌握景氣或經濟成長率的變化。

在針對美國的機構投資人提出「預測紐約股市的股價時，最重視的經濟指標是什麼？」的問卷調查中，得到「第 1 名是 GDP，第 2 名是就業增加人數」的結果。

然而，在 GDP 表面的數值中，卻包含幾個應該稱為逆向操作（？）的要素，這可說是專家之間的一般常識。

然而，這件事幾乎沒有媒體會正面報導。

因此，我想在第 110 頁中介紹正確解讀 GDP 的基本方法。不，應該說是解讀數字背後意義的方法。

GDP增加了

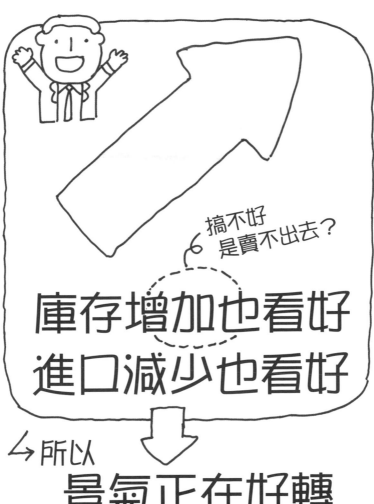

搞不好
是賣不出去？

庫存增加也看好
進口減少也看好

→所以
景氣正在好轉

17

財經新聞的內容是真是假?

政府自豪地宣布「就業者增加了約430萬人」,但從GDP來看,日本的景氣絕對稱不上有好轉。

難道不是因為「景氣好轉使得工作增加」,導致「求才數增加,失業者減少,就業者增加」的結果嗎?

POINT!

就業問題
要從個體經濟學的角度來看
就業族群增加,
人均勞動時間減少,
國民生活變富裕?

➡雖然出現漂亮的統計數字,但景氣好轉的實際感受卻不深?

「就業者增加,失業者減少,失業率下降」、「求才數增加,求人倍率下降」——這些雖然是好現象,但光靠這些還不夠。

光看這些表面上的數據,是無法洞察勞動市場的本質的。這是為什麼呢?

雖然表面上的就業相關數據有如此顯著的改善,但著眼於「景氣好轉的實際感受不深」才是主要的重點。

在眾多的問卷調查中,能夠真正感到景氣變好的人,頂多也只有三成左右。

從GDP成長率來看,漂亮的就業數據和低迷的經濟成長之間,究竟存在著什麼樣的問題?

解決這個問題的關鍵,就在於「完全失業率」、「有效求人倍率」以及「就業人數」這些數據中存在著決定性的欠缺要素。

無論哪一種統計數據,都是將「每週上兩天班的便利商店工讀生」和「48歲的上市公司部長」同樣算成「一名就業者」,甚至完全忽略「勞動時間」的概念。

不考慮這些要素而得出的數據,根本不能正確地反映現實的經濟社會。僅憑這些數據,並無法看清就業的本質。

那麼到底該怎麼辦才好?(→請見第114頁)

Honto Uso?

就業者增加約**430**萬人
↓
人均勞動時間減少了
⇩
所以
國民生活變得富裕

增加的人是便利商店的工讀生和兼職員工
我就算減少加班也不覺得生活品質變好⋯

（便利商店的）（算成）
企業的部長和工讀生都是一名就業者

18

財經新聞的內容是真是假？

POINT!

國際經濟全取決於匯率

1995年，日本差一點就成為世界第一經濟大國？

實際上，日本過去曾經有一瞬間差點超越美國，成為世界第一經濟大國。

但那是1995年的事。

當時只要再升值十幾日圓，日本就會成為「世界第一經濟大國」。國際經濟完全得看匯率的臉色。

➡ 這件事是真的！各國的GDP排名很容易因為匯率而顛覆

這是1990年代中期，日圓升值時發生的事。在外匯相關人士之間，有個意見曾被認真地討論過。

那就是「無論日圓升值多快，都要控制在1美元＝67日圓的價格」。

這是為什麼呢？其根據在於「如果日圓升破這個水準，日本就會成為世界第一的經濟大國（經濟規模）」，而作為戰勝國的美國不會允許這種情況發生。

當然，這裡所說的「經濟規模」，是指一個國家在一年內通過所有經濟活動創造出新的經濟價值，也就是「GDP」。

「確實，當時三菱地所還將象徵經濟大國美國威信的洛克菲勒大樓整個買下，因而震驚了全世界。」

「這麼說起來，當時只要把東京山手線內的土地全部賣掉，就足以買下美國全境，甚至還有人把這種荒唐無稽的說法當真呢。」

——我想上了年紀的人應該都對這些事有幾分印象吧。

在比較使用不同貨幣的經濟實體時，其大小關係會根據匯率發生變動，排名也很容易出現變化。

如果只是停留在表面上的比較還不打緊，如果它因此改變了我們觀察事物本質的眼光，那就是一件不得了的大事。（→請見第78頁）

Honto Uso?

在 1995 年

JAPAN as NUMBER ONE!

只差這麼一點點。

(GDP 取決於 匯率！)

——那麼到了現在呢？

 財經新聞的內容是真是假？

物價上漲，景氣就會好轉？

回溯過去的資料以觀察趨勢

日本銀行至今仍執著於「物價每年上漲2%左右」的目標，實際上卻連漲個1%都無法達成。

然而，從我們的經驗來看，物價上漲的時候反而會有種經濟不景氣的感覺……。物價上漲真的能讓景氣好轉嗎？

➡「物價上漲景氣就會好轉」的作戰有沒有陷阱？

安倍經濟學的最大主題是「擺脫通貨緊縮」。通貨緊縮到底是什麼呢？再次被問到這個問題時，我認為有兩派說法；一派會說「它是物價下跌的現象吧」，另一派則認為「不對，是指經濟不景氣吧」。

實際上，通貨緊縮一詞具有雙重含義。

第一是物價持續下跌的原本意思。第二是經濟活動的縮小，簡單來說，就是「經濟不景氣」。

「擺脫通貨緊縮」——這裡所說的通貨緊縮，並不僅僅指物價。提高物價倒不如說是一種手段，通過這種手段提高物價使景氣好轉，這才是最終目標。

為了達到這個目標，安倍經濟學使用「通膨預期」這個概念作為關鍵字。我們將其解釋成「推動人們對通貨膨脹的期待」。人們如果認為物價上漲，應該會進行活躍的消費和設備投資。如此一來，企業想必會擴大生產吧。企業獲利，薪資上漲，股票也上漲，靠股票獲利的人就會購買更高級的商品，對未來充滿希望……創造出這樣一個理想的循環。

我們在這裡應該要思考的是「物價上漲，景氣就會好轉嗎」。這個地方難道沒有陷阱嗎？回溯過去的資料，當物價上漲的時候，景氣果真處於良好的狀態嗎？（→請見第82頁）

Honto Uso?

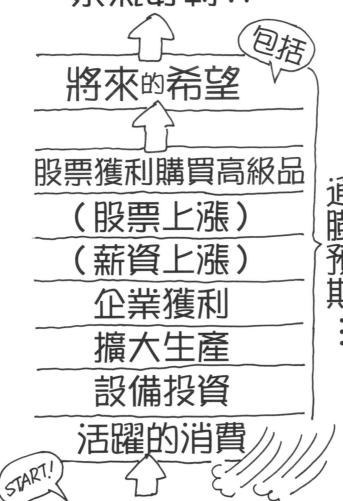

景氣好轉!?

將來的希望 （包括

股票獲利購買高級品

（股票上漲）

（薪資上漲）

企業獲利

擴大生產

設備投資

活躍的消費

START!

物價一旦上漲……

通膨預期…

**財經新聞的內容
是真是假？**

名目值還是實質值？

日本的消費稅率
遠比超過20％的
歐盟各國還要低
？

我們經常聽到「日本的消費稅還有上漲空間」這樣的意見。然而，這是一種基於錯誤資料的說法。

雖說「在歐盟等國家，20％或更高的消費稅是天經地義」，但這個數值只是名目資料，實際上包括輕減稅率在內的實際加值型營業稅率，最多只不過在10％左右！

➡歐盟各國「實質上」的消費稅率其實低得驚人

我們可以經常看到有不少故意使詞彙的定義模稜兩可的主張或意見，或者明顯是出於印象操作的目的而提出的資料。

日本的消費稅率從5％提高到8％的時候，最常聽到的一句話就是「日本的消費稅率比起其他國家還要來得低」。

這表示消費稅「還有調漲的空間！」

不好意思，在這裡提一件我個人的私事。幾年前我曾在市川市民祭會場的稅理士連合會（印象中應該沒錯）攤位，拿到用來回答調查問卷的透明文件夾，我記得上面就印有「全球的加值型營業稅率」（！）這類圖案。

在歐盟各國的地圖上大多標示20％、25％這樣的數字，而日本的旁邊則為8％。很顯然，印在上面的世界地圖就像是在告訴大家：「你看，日本的稅率還很低吧。」

我想這大概是從財務省→國稅局→全國的稅理士連合會一路下來，以「請分發這些資料來教導民眾」的名義，對下面的單位做出指示（要求？）的吧。又或者是連合會自行揣摩上意嗎？

若打從一開始對此深信不疑就不妙了。

實際上，歐盟各國有許多商品皆適用輕減稅率，如果考慮到這一點，實際（有效）稅率其實低得讓大家不敢置信。關於其詳細內容，請見第166頁。

Honto Uso?

日本的消費稅率
遠低於全球水準

即將漲至

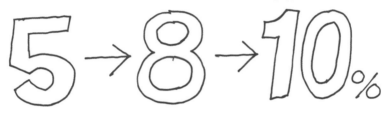

5 → 8 → 10%

歐盟 雖為 20%

但加上

輕減稅率　免稅

的話……

其實日本一點也不低！

21

財經新聞的內容是真是假？

現在還能看到「日經平均指數受到日圓升值的影響而下跌」這類新聞，但如果仔細觀察一下這個趨勢，就會發現兩者的連動不再像以前那樣緊密相關了。

特別在 2017 年以後更是如此。日圓升值股價不下跌，日圓貶值股價不上漲──一直以來的常識正在一點一滴地改變。

POINT!

要時常對常識提出質疑

升值導致股價下跌，貶值導致股價上漲？

➡ 產業結構的劇變，導致過去的常識不再適用

剛開始投資股票的人，解讀市場趨勢的第一步，就是學習「日圓升值股價下跌」、「日圓貶值股價上漲」。

當然，其理由就在於「日本的景氣與平均股價，都是由大型製造商支撐的，其中又有多數是靠出口來獲利。所以說，日圓一旦貶值，銷售額就會增加，連帶使業績成長，股價隨之上漲」。

「如果從 1 美元＝ 100 日圓變成 200 日圓的話，那麼 1 萬美元的汽車銷售額就會從 100 萬日圓增加到 200 萬日圓。」大部分的教科書都是這麼告訴我們。

事實上，日圓一旦升值，銷售額反而會自動減少。根據我的經驗，匯率和股價的變化大致上都是呈現這樣的關係。

因此也有不少人主張：「不管怎麼說，為了讓日本恢復經濟動能，必須透過日圓貶值來帶動股價上漲。」

我想至今應該仍有不少人對於這一點深信不疑。

然而，現在這個常識正在大幅崩潰。甚至可以說是已經崩潰了。倒不如說，如果現在仍被這種「常識」所束縛，或許會有一點不妙。

其最大的原因就在於「日本的產業結構在不知不覺中發生了劇變」。

想知道發生什麼樣的變化嗎？詳細內容請見第 176 頁。

Honto Uso?

過去的常識是

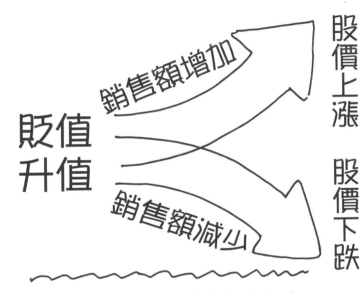

銷售額增加

銷售額減少

貶值
升值

股價上漲

股價下跌

以進口企業的角度
來看，日圓升值能
夠減少支付，所以
沒有困擾。

但以當地生產時代的常識來看⋯

財經新聞的內容是真是假？

消費者物價指數是最常見的一種指標。但很少有人知道，具有代表性的指標就有三到四種。端視其中是否包含能源、是否包含房租相關費用。

因此，與前一年相比，有時候數值會相差到1％以上。

➡「消費者物價指數」雖然很受歡迎，卻問題重重！

對我們而言，最重要的經濟數據，是與生活密切相關的數據，其代表就是「物價」。

從個人的角度來說就是「消費者物價指數」。說得更清楚一點，就是「與去年同期相比」的成長率或下降率。一般的新聞報導都是引用這個數據。

儘管消費者物價指數是很受歡迎的一項指標，但沒有其他指標比這個數據的問題還要來得多。

2019年初，人們對於政府統計中「每月勞動統計」、「實際薪資」、「現金支付薪資」的不信任，一下子全爆發出來。

因為大家懷疑政府在計算的過程中，曾對數據進行刻意的操作。幾乎所有的資料都被扭曲成對政府有利的數據。這使得有人開始懷疑首相官邸是否在刻意宣傳安倍經濟學的政策效果。

但是，這裡所說的消費者物價指數的問題，並不是三言兩語就能解釋清楚。畢竟它是根據不同的標準製作出好幾個指數。

所謂「好幾種標準」，是指每個標準都有其固有的弱點，不能斷言「這就是絕對的標準」。

很多財經新聞都裝作一副若無其事的樣子（？），理所當然地報導著「消費者物價指數」，它到底是什麼樣的數據呢？（→請見第136頁）

Honto Uso?

重新認識**消費者物價指數**是

用**不同的標準**
製作出**好幾種指數**。

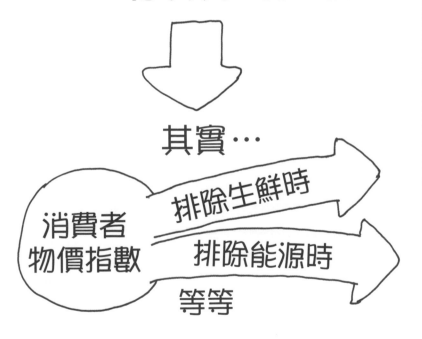

其實…

消費者
物價指數

排除生鮮時

排除能源時

等等

標準共有**4**種！

財經新聞的內容是真是假？

大家不覺得和以前相比，政府公布的「消費者物價指數」數值似乎大大地偏離現實生活上的感受嗎？

雖然消費者物價指數上漲不到1%，但感覺至少像是上漲了約3%～5%。

注意開始偏離實際情況的數據

消費者物價指數上漲不到1%，所以物價沒有上漲？

➡ 逐漸偏離現實情況的「消費者物價指數」

2019年初，政府統計資料的嚴重狀況引起人們的注意。首先讓人起疑的，就是占GDP統計最大宗，也就是對家庭消費帶來重大影響的基礎統計「每月勞動統計調查」。

其主要論點在於「進行違反規定的抽樣調查」、「中途修正而導致薪資出現不合理的漲幅」等。

又或者是，「該不會是官邸考慮到想要宣傳安倍經濟學的效果，所以故意讓數據看起來比實際情況還要高」。

然而，這是一個難得讓更多的國民瞭解實際經濟統計數據的機會，我認為應該從更本質的層面讓國民瞭解日本經濟統計數據的現狀。我希望不是從社會新聞的角度，而是從經濟解說的角度進行詳細的報導。

譬如，與我們日常生活最息息相關的「消費者物價指數」。在全球經濟的發展，以及數位科技的快速進步推波助瀾之下，導致數據愈來愈偏離現實。

其中有不少問題從很久以前就被指出，但隨著經濟結構的巨大變化，也有很多層面早已脫離了現實。

那麼，究竟現在的「消費者物價指數」存在什麼樣的問題呢？

詳細內容就留到第140頁說明。

Honto Uso?

開始偏離實際情況的數據

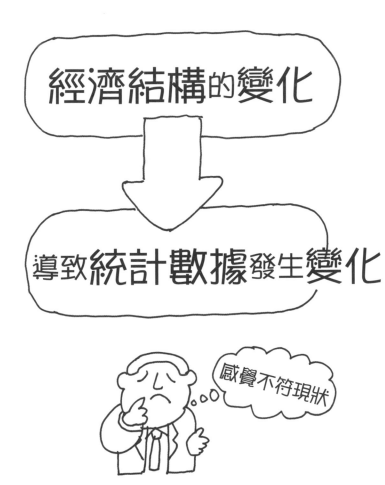

經濟結構的變化

導致統計數據發生變化

感覺不符現狀

和實際感受有很大的不同

24

財經新聞的內容是真是假？

POINT!

光靠貨幣供給已經拉抬不了物價

通過量化寬鬆增加貨幣供給，就能擺脫通貨緊縮？

最近常聽見一般大眾說：「現在即使覺得物價會上漲，也不會急著先買起來再說。要麼放棄不買，要麼就是用更便宜的東西來湊合。再不然就是透過 Mercari 或 Yahoo! 拍賣購買，最近 Jimoty 等網站基本上都能補足生活所需。」

➡ 日本銀行沒能遵守約定。光靠一直以來的方法已經行不通了

不管日銀投放多少資金，降低多少利率，物價也幾乎不動如山。不過，如果「通貨膨脹率穩定在2%」的話，一般國民的生活說不定會更加艱困。

如果按照2013年4月日銀宣布，通貨膨脹率在兩年後的2015年以後會持續上漲2%的話，那麼物價至少會比2019年還要高出6%～7%。換言之，消費稅不是8%，而會漲到15%。雖然未能達到目標，但對許多消費者＝生活者來說，這樣的稅率實在難以承受。

日銀的「2%通膨目標」是一種約定，也是承諾。既然沒有達成約定，就有義務要好好地向大眾說明理由。

日銀的信念為「只要供給大量貨幣，物價就會上漲」。但是，過了4、5年之後，連1%都沒有達到。

當時的一位副總裁甚至宣稱：「如果無法達到2%的通貨膨脹，我就辭職負責。」話雖如此，經過兩年，不，即使是3、4、5年後，這個承諾仍沒有兌現。那麼，那位副總裁呢……沒錯，他非但沒有中途辭職，如今還穩穩地坐在那個位子上。

如今就算實施相當程度的量化寬鬆政策，或是降低利率，物價也不會上漲。以往的絕對常識變得已不再適用。

這是為什麼呢？（→請見第180頁）

Honto Uso?

2%的通貨膨脹目標
（日銀的預期）

擺脫通貨緊縮

只要大量供給

日銀 →

物價就會上漲

應該會這樣。

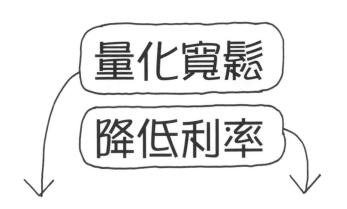

量化寬鬆

降低利率

怎麼做都無法拉抬物價

財經新聞的內容是真是假？

換個角度，情況就完全不同

對日本人來說是日圓貶值，對美國人來說是美元升值嗎？

「1美元＝110日圓變成112日圓」——我們會視為日圓貶值。

然而，對美國人來說未必會認為美元升值了。因為日本人是以美元為基準來看待日圓升值或貶值，但美國人卻不會以日圓為基準來看待本國貨幣的價值。

➡ 美國人是如何衡量美元的價值呢？

當日圓貶值、美元升值的時候，大家往往會認為是「美國的出口環境正在惡化」。

然而，對美國來說，這種想法只是擅自揣摩罷了。

當我們談到「日圓匯率」的時候，毫無疑問是以「對美元」為前提。但對美國人來說，「美元匯率」絕不是只「對日圓」。

即使日圓兌美元貶值，美國人也不會馬上將它視為「美元的價值提升」。因為畢竟美元是「全球的關鍵貨幣」。

大多數國家都是以「對美元」來衡量本國貨幣的價值。但是，美國人在衡量本國貨幣的價值時，並沒有像這種絕對的價值標準。因為美國自己的貨幣就是標準。

如果不瞭解這一點，就無法瞭解美國的貿易政策。更進一步說，這樣是看不懂日美之間的貿易問題的。這是怎麼回事呢？

例如，儘管日圓在2012年至2014年這段期間急速貶值，但美國並沒有明確地抱怨「日圓貶值讓我們感到困擾」。

在這段期間，美元對日圓雖然升值，但對其他大部分的貨幣反而是貶值的。換言之，從整體來看，美國的出口環境並沒有出現惡化。

關於其詳細內容，請見第86頁。

對 We 來說
美元 就是 美元

我們國家的美元就是標準

財經新聞的內容
是真是假？

「利率降低，景氣就會好轉。」——這被認為
是絕對的經濟常識。
但是，聽起來有點奇怪。
因為這句話完全沒有考慮到放款方的情況。
從放款方的角度來看，得到的利息減少，不
會對此感到高興吧。

➡教科書上寫著「利率降低，景氣就會好轉，物價上漲」……

「降低利率，物價就會上漲——這樣的因果關係是正確的嗎？」

我有時會出這樣的考題，或者在研討會上提出類似的問題。利率和物價的關係是貨
幣政策的基礎。我們假設這個問題答案是「○」。

但是，最近出現愈來愈多的人會用下面的說法來解釋，回答兩者的關係是「×」。

「利率一旦降低，存款和債券的利率也會降低。也就是說，家庭的利息收入會減
少。能夠運用的金錢一旦變少，就會減少消費。消費一旦減少，物價就會下跌。」

沒錯，實際上有約兩成的人都會這樣回答。

這個情況讓我感到非常頭痛。「所以說，答案到底是什麼？」

當然，教科書式的「降低利率會拉抬物價」是正確答案。

正如大部分的教科書所說，「如果降低利率能減少企業的貸款成本的話，那麼資金
需求就會增加，設備投資、研究開發投資也會增加，物價也會上漲，同時也會起到拉
抬景氣的效果」。

然而，最近「降低利率對景氣是不是減分？」這樣的觀點正在迅速浮現。

這是為什麼呢？如果用2、30年前的對比來觀察資料，在某種意義上就能理解這
一點。

詳細內容就留到第184頁說明。

Honto Uso?

利率一旦降低⋯

景氣 就會恢復

應該是這樣

無論是**個人**或**企業**

金錢都有剩餘！

所以不用借款！

低利率時代的長期化

利息再怎麼低，
儲蓄和存款也不會減少，
所以絕對安全？

財經新聞的內容是真是假？

除了原油價格暴漲、消費稅率調漲、通貨膨脹率急劇上升的時候之外，儲蓄和存款幾乎都不會減少。

但是，今後如果只是放在儲蓄和存款裡，金錢的實際價值就會愈來愈低，這樣的時代說不定會長期持續下去……。

➡儲蓄和存款的實際價值極有可能會持續縮水

很多的人總認為「儲蓄和存款經不起通貨膨脹」。原因有兩個。

一個是證券公司、基金公司、商品期貨公司、房地產行業都一直鼓吹「持有儲蓄和存款會不敵通貨膨脹」。

當然，這句話的背後也包含經營股票、基金或有關金錢交易的公司想要銷售這些商品的意圖。

第二個原因是，雖然同樣是通貨膨脹，但是儲蓄和存款確實對「房地產通膨」無法抗拒。

可是，如果把儲蓄和存款的利率，和通貨膨脹率（消費者物價上漲率）畫在相同的圖表上，就會發現在大部分的時期，儲蓄和存款的利率都高於通貨膨脹率。

實際上，我曾多次在表明這項事實的基礎上，提出只要設定好消費者物價，就能以儲蓄和存款做到最起碼的通膨避險。

然而，看起來在接下來的一段時間裡，我們無法期待儲蓄和存款能發揮通膨避險的效果，儲蓄和存款的實際價值將不可避免地持續縮水。

因為我認為現在日銀的低利率政策還會持續相當長的一段時間。

關於其詳細內容，請見第188頁。

Honto Uso?

即使持續低利率……

利率減少！

就算是這樣

存摺裡的餘額
也不可能減少

所以無需在意！

＜圖表陷阱　其一＞
識破左右刻度的不同

在之後的各章末尾，我將為大家介紹用圖表來操作人們印象時所使用的典型陷阱範例。

這裡假設下面的圖表附有以下評論。

「同樣是新興國家，南非共和國的政治和經濟形勢，比起巴西更不穩定。因此一般而言，前者的變動率會比較大。正因為 2016 年中期的跌幅較大，使得 2017 年以後的回升速度較為迅速。」

然而仔細一看，左右刻度的設定完全不一樣。這樣一來，就不能完全相信表面的變化率。

附帶一提，從箭頭所指的時間點到最近這段時間的上漲率，巴西雷亞爾為 21%，而南非蘭特只有 15%。

這是一種初級詐騙的手法。

比起巴西雷亞爾，南非蘭特的回升更劇烈

第 2 章

轉換視角
就能看見問題

若使用無人機從前所未見的視角拍攝影
像，就能將原本再熟悉不過的景色變成
煥然一新的景象。同樣地，如果從不同
的角度和距離來觀察經濟數字，又會帶
來什麼變化？

⓪①| 原因只有這些嗎？

「量化寬鬆的分數是Ａ，財政是Ｂ，成長戰略是Ｅ」＝ABE（安倍）

政府總是想推廣自身的政策取得了成效。不僅僅是政府，這可說是人類的通病。

那麼，讓我們一開始先稍微複習一下。

安倍首相在2012年底第二次執政之際，帶著至今仍被稱為「安倍經濟學」的一系列政策上台。承接了前面三年執政稱不上順利的民主黨政權。

「安倍經濟學」是由以下「三支箭」所組成。

①大膽的貨幣政策
②靈活的財政營運
③刺激民間投資的成長戰略

然而，從之後的發展趨勢來看，②雖然在第一年就積極地投入公共投資，但後來卻半途而廢，③的宗旨是放寬民間業界的各種限制，以刺激產業活動，但事實上也幾乎沒有發揮作用。

就所有人的眼光來看，實際上發揮一定程度效果的只有①的貨幣政策。

這是日銀向民間提供史無前例的大量資金，一方面降低利率，另一方面提高物價，試圖藉此擺脫通貨緊縮的困境。當然，這同時也是為了誘使日圓貶值，促進日本的出口發展。

早在2014年左右就流傳著一句笑話，有一位著名的經濟學家在評論上述三項政策的實施情況時說道：「還真有ABE（安倍）的風格啊。」

他這句話的重點是「**量化寬鬆的分數是Ａ，財政是Ｂ，成長戰略是Ｅ**」。

當被問到「為什麼是Ｅ」時，這位經濟學家回答：「其實我是想給不及格的Ｆ，但這麼做就形同質疑指導教授的教學方式，所以才給它勉強及格的Ｅ。」我只能說不愧是大學老師的思考方式。

安倍經濟學之所以能取得一定成效，可以說全都是依賴①的貨幣政策。

話說回來，安倍總理提出「股價不是上漲到這種程度了嗎」的主張，乍看之下很容易理解。

「從第二次安倍政府開始執政的時候就一直不斷上漲」、「時間上也很吻合」，因此相信有不少人都能接受這個主張。

「安倍經濟學造成股票上漲」的主張，不用說是以「股票上漲」作為結果，「安倍經濟學」作為原因，在這個前提下成立。

聽到這句話，不禁會讓人認為「自安倍經濟學開始實施的2012年底以來，股票確實持續上漲，所以有因果關係」。

不過，當我們解讀經濟數據時，很容易會掉入一個盲點。

日本股價上漲是安倍經濟學的效果嗎？

觀察經濟數據時，最重要的主題就是因果關係。

而且，人們往往想在某個地方找出因果關係。因為找出因果關係就能讓人放心。

若處於不知道原因的狀態，會令人感到不安。

人們一聽到「安倍經濟學」就形同於「股價上漲」，就會不由得想承認它們之間的因果關係。

不過，請各位等一下！

其實在這段期間，美國的股價也同時在大幅上漲！

我們在早上的電視看到「昨天紐約道瓊指數在幾個顯示美國景氣復甦的經濟數據公布後開始大幅上揚……」這樣的新聞後，應該立刻就會聯想到「今天早上的日經平均股價也會上漲吧」。

這代表日本股價的上漲很可能是受到美國股價上漲的影響。

換句話說，雖然不能否定「安倍經濟學（原因）」、「日本股價上漲（結果）」這樣的因果關係，但除此之外，「全球經濟復甦」才是最根本的原因，這難道不是導致「美國股價上漲」和「日本股價上漲」的原因嗎？會這樣想也是很自然的事。

更何況，從美國股市和日本股市的關係來看，不難想像「美國股市上漲」很有可能帶動「日本股市上漲」。

◆圖2-1

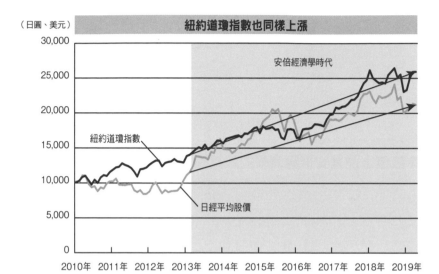

（日圓、美元）

紐約道瓊指數也同樣上漲

安倍經濟學時代

30,000

25,000

20,000

15,000

10,000

5,000

0

紐約道瓊指數

日經平均股價

2010年 2011年 2012年 2013年 2014年 2015年 2016年 2017年 2018年 2019年

出處：日本經濟新聞社、紐約證券交易所

與美國股市
連動上漲。

真相是

美國聯準會已實施過三次強力量化寬鬆政策

讓我們再仔細地觀察一下這張圖表（**圖2-1**）吧。

日本的股價是在2012年6月開始上漲，時間在安倍政府上台的半年前。而且，在那之前的兩年間都處於下跌狀態。不過，我們可以看到美國的股市已經從2010年年中開始上漲。

也就是說，在日本股市開始上漲的兩年前，美國股市早就進入真正的上升狀態。

理由之一是美國的中央銀行FRB（聯邦準備理事會），在安倍政府上台之前，已經實施過三波大規模的量化寬鬆措施。

受到量化寬鬆政策的影響，大量的貨幣流入美國股票市場，使得股價開始上揚。

這也導致日本股價因此下跌，於是以外國投資人為主的投資者，開始大舉買進日本的股票。

與此同時，從2012年年中開始，歐盟主要國家的財政狀況也開始好轉，使得人們對全球景氣復甦的前景一片看好。

安倍首相就是在這樣的時期，開始了他的第二次執政。就某種意義上來說，第二次安倍政權是一次非常幸運的啟航。

由這件事可以看出，**在對時代背景睜一隻眼閉一隻眼的情況下，一味地主張政策效果可說是一種誤導（誘導人們做出錯誤的解釋）**。

2014年10月開始，日本銀行大幅提高ETF這指數股票型基金的購買金額。

同時，負責管理和運用從日本人身上籌措的年金保險費，全球最大的養老基金GPIF（日本政府退休金投資基金），也採取明顯的股價拉抬政策，大幅調高機構購買股票的目標，也開始買進大量的日本股票。

這件事雖促使日本股票的上漲，但安倍首相卻不能說出「是因為日銀和GPIF購買才使得股市上漲」這種話。

因為這麼說肯定會遭受「這種做法實際上不就是扶持股價的一種操作嗎？」等不少的批評。

02 │ 數據的涵蓋期間是否恰當？

安倍政府執政後失業率並沒有下降

不好意思，這裡突然想起一件私事。我至今還記得30多年前的一個小插曲。

我以前在當新聞記者的時候，曾受到朋友N先生很大的照顧，他在大型證券公司N旗下的綜合研究所工作。這位老兄對債券的數理方面非常熟悉。

我還記得他有一次在不經意間透露的話。「在我們的報告（調查資料）中，最重要的課題是選取哪段期間的資料才能達到我們想要的目的」、「因為不同的時間選取方式，會給人留下完全不同的印象」。

在當時，他們的工作大部分都是為母公司N證券公司的銷售提供支援，需要製作各種報告。其營業額幾乎都仰賴母公司提供。

這表示他們需要製作各種資料，特別是那些能夠幫助銷售債券的資料；也就是說，要給人們留下今後債券市場即將上漲的印象。

我們一般常見的經濟分析，大多都是出自銀行、證券公司的研究所或智囊團的工作人員之手。我們往往會輕易忽略，這些人的報告，原則上大部分的目的都還是以支援總公司業務或為其背書為主。儘管近年來已經不像過去那樣鮮明，但依然留有一絲支援業務的味道。

舉例來說，在日後準備積極銷售以美元計價的債券基金時，業務可不能大張旗鼓地發表自家公司旗下的智囊團宣稱「美元貶值的可能性很高」之類的報告題目。除此之外，一般來說，證券公司為了更容易銷售賣出股票，經常會公開發表對股價前景看好的預測報告。

像這樣，為了將自身的銷售戰略擺在第一位，投入其中的人們往往會對未來的經濟、金融、市場前景產生先入為主的偏見。基於這樣的目的而提出的見解，就稱為**「預設立場的言論」**。

當經濟數據以圖表等形式呈現時，數據的切入點，尤其是「涵蓋期間是否恰當」這個觀點非常重要。

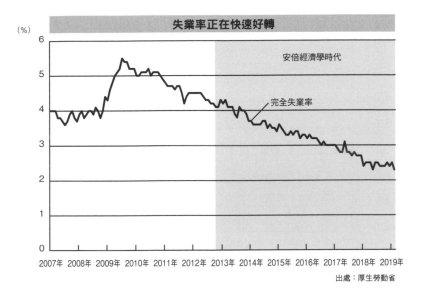

失業率正在快速好轉

(%)

安倍經濟學時代

完全失業率

2007年 2008年 2009年 2010年 2011年 2012年 2013年 2014年 2015年 2016年 2017年 2018年 2019年

出處：厚生勞動省

　　然而，當聽見首相說「自從我執政以來，失業率從4.1%降至2.3%」時，我們不太容易能立即聯想到「選擇這段期間的方式是否客觀？」。

　　只選擇對自己有利的數據，就足以左右讀者的印象。然後即可露出一副「怎樣，很屬害吧」的得意表情。

　　只要看一下**圖2−2−1**，事情就簡單明瞭多了。

　　失業率從2009年中期開始下降，也就是從安倍經濟學開始的3年半前開始就一直不斷下降。

　　這裡最重要的是下降的幅度（斜率）。在安倍政權以後也幾乎完全相同。

　　換句話說，安倍政府上台後並沒有加快改善的腳步。

　　如果是這樣的話，即使「失業率在安倍政權時下降」這種認知本身是正確的，也**不能認為「失業率是在安倍政府上台後才下降」**。這下子政府應該就無法說出「屬害吧」這樣的話了。

◆圖2-2-2

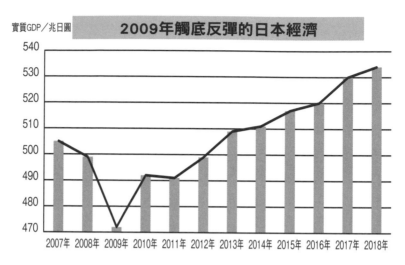

實質GDP／兆日圓

2009年觸底反彈的日本經濟

出處：內閣府

是否只展示對自己有利的時期和期間？

話說回來，失業率從2009年開始大幅下降，其背後的原因是什麼呢？

首先我們可以很容易看出，從2008年下半年開始，失業率急劇惡化的反作用力正在發生。

觀察經濟的原則之一在於「循環」。

換言之，就是不停地反覆惡化和恢復。

在股票等市場也同樣會發生這種現象。市場急劇惡化之後，都會朝好的方向變化，幾乎無一例外。這段時間正好就是這個時期。

從這層意義上來說，2009年開始的失業率下降，也不能說是民主黨政權的政策效果。

2009年是2008年雷曼事件（※）發生後的第二年。也就是在被評為50年一遇的全球金融危機之後。

在全球經濟從雷曼事件復甦的過程中，日本的景氣也開始觸底反彈，失業率也朝著好的方向改善。

人口結構的變化推動了失業率的改善

實施安倍經濟學之後，失業率也有所改善，其背後原因在於人口結構的變化。日本在戰後於1947至1949年出生的團塊世代，突然一下子全超過65歲，陸續開始過著退休生活。

55至60歲的人即使因為某種原因離職，仍會繼續找下一份工作。因此，這些人會被算入失業者。然而，65歲以上找工作的人並不多。也就是說，從整體來看，由於失業者減少，失業率因此下降。

第二個原因在於，人口高齡化導致醫療、福利、護理領域的工作大幅增加。這些工作都是必須依賴人力的業務（勞力密集型），同時從事兼職和打工的比例也很高。換言之，不能全職工作，但可以從事兼職的人找到了工作。

上述人口結構的變化以及伴隨而來的醫療、福利、護理領域工作的擴大，都與安倍經濟學的政策幾乎沒有關係。

一般而言，執政者都會刻意列舉顯示景氣好轉的數據，並且隨時等待著宣稱這是自己的政策所帶來的效果。這對於政府和執政黨來說是理所當然的事。因為執政者都想吹噓自己的政績。

想讓所有人認為這是自己的功勞，最簡單的方法就是「截取對自己有利的期間」。

在閱讀經濟數據的時候，千萬別忘了思考「這段期間是否為刻意截取？」、「是否有必要檢視這段期間前後的數據？」。

※　雷曼事件：2008年9月，美國著名的投資銀行雷曼兄弟宣布破產，從而引發全球的金融和經濟危機。以美國上調政策利率為開端，最終導致房地產泡沫破裂。因此，直接原因是金融機構發行的債券（貸款）價值暴跌，一下子變成了不良債券。

美國的銀行相信房地產價格會上漲，因此向低收入者發放大量的房屋貸款，這就是引發這個事件的背景。當時的景象簡直就像是重現了日本在1990年代面臨的房地產泡沫一般。

03│排名容易因匯率而變動的經濟強國

差點成為全球第一經濟大國的日本

在進行國際比較時，如果不換算成相同的貨幣，就無法互相比較。因此，在大部分的情況下，各國都會使用美元進行比較。

過去日本曾在1968年超越德國成為全球第二經濟大國，2010年反過來被中國超越而退居第三，也是透過這種方式比較。

這表示，就算以日圓為基準的日本GDP金額不變，一旦匯率出現變動，其排名也會輕易出現變化。當然，在某些情況下也會發生逆轉。

在1995年，日本的經濟規模＝GDP超過美國的九成，當時就險些超越美國。換句話說，**日本曾有那麼一瞬間差一點「成為世界第一經濟大國」**。

只可惜在2010年時被中國超越，如今的日本經濟規模已經跌落至全球第三名。不僅如此，被中國超越之後，差距還在不斷擴大。

眼下日本在全球GDP中所占的比例已降至7％。十年前超越日本的中國占全球GDP

◆圖2-3-1

出處：IMF「World Economic Outlook Database」

的比例已達到15%，而遙遙領先的美國為25%。

各國的經濟規模是換算成「美元」來比較

1995年美國的GDP為7.64兆美元，而日本的GDP為513兆日圓。換言之，如果是1美元＝67日圓的話，以美元的標準來看，就是「美國7.64兆美元」VS「日本7.65兆美元」，日本的GDP略勝一籌。

「美國是不會允許這種情況發生的」，大多數的外匯相關人士都是這麼認為。而事實上，日圓並沒有升值到這個水準。

因此才讓世界第一的機會擦身而過。

實際上，在這個無聊的故事中，隱藏著一個正確解讀經濟數據的重要觀點。

各位知道是什麼嗎？

這裡是以日本和美國的GDP來衡量經濟規模，並互相進行了「比較」。那麼，在進行比較時有什麼必須條件呢？沒錯，「站在同樣的標準」就是不可動搖的鐵則。

好了，說到這裡，我猜應該有不少人會不禁啞然失笑吧。

不錯，必須以同樣的貨幣標準來進行比較。

世界各國之間比較用金額來表示的數據時，標準做法是將其換算成全球的關鍵貨幣「美元」，然後再進行比較。

「日本是全球最富有的國家」——這個根據也來自……

根據以上所述，「日本是全球最富有的國家」這個說法，是日本的日圓被認為是穩定貨幣的其中一項依據，但就算人家這麼說，我們也不能盲目相信一般使用的數據。

「日本明明是一個負債累累的國家，為什麼在全球經濟動盪、地緣政治風險提高的時候，人們還會購買日圓呢？」——對於這些疑問，很多人都是這樣解釋的。

「據說日本的國債發行餘額已經超過900兆日圓，背負著1000兆日圓以上的債務，但實際上並非如此。因為這不是『國家』欠下的債務，而是『政府』的負債。國家並不是只由政府組成。

更正確地說，經濟是以民間的私人企業、家庭（個人）為中心來運作。

從這個角度來看，比起『政府背負的債務』，『政府、企業、家庭』這些國家整體的富裕程度才是問題所在。

『對外淨資產』就是用來表示這個程度的數據。也就是對海外其他國家擁有多少資產和負債，其差額是多少？用來表示這些內容的『對外淨資產』，日本在世界上排名第一。

換言之，雖然『政府』很窮，但從『整個國家』的角度來看，日本是世界上最富有的國家。因此，從全球的角度來看，當出現緊急情況時，被視為安全資產的日圓就成為大家購買的目標。換言之，這會導致日圓升值。」

這些話說得一點也沒錯。

這裡要引用財務省的「日本對外淨資產為328兆日圓」這項以日圓計價的數據（**圖2-3-2**）。

圖2-3-3的上半部列出了同一個網站上僅有日美兩國的歷史數據，上面清楚地顯示這些數據的變化情況。從這些以日圓計價的數據來看，各位會發現2011年到2014年之間，數字的變動幅度非常大。

在2011年至2014年這段期間，日本的淨資產從265兆日圓激增至365兆日圓，而美國的對外淨負債則從201兆日圓激增至834兆日圓。

想必大家已經明白了吧。根據換算時使用的美元兌日圓匯率，會出現很大的變動。只要是以日圓來計價，那麼當美元升值、日圓貶值時，日本的對外淨資產就會膨脹，美國的對外負債也會膨脹。

實際上在這段時間，日圓兌美元的匯率就從77.57日圓大幅貶值為119.80日圓。下半部的表格是用美元計算的數據，日本的淨資產和美國的淨負債，變化都不如以日圓計價時來得那麼大。不僅如此，與2011年相比，日本在2014年以美元計價的對外淨資產反而有所下降。

也就是說，如果未來日圓升值、美元貶值的話，這個數字就會完全不同。

◆圖2-3-2

主要國家的對外淨資產

日本	328兆4,470億日圓
德國	261兆1,848億日圓
中國	204兆8,135億日圓
香港	157兆3,962億日圓
挪威	100兆3,818億日圓
加拿大	35兆9,305億日圓
俄羅斯	30兆2,309億日圓
義大利	▲ 15兆5,271億日圓
英國	▲ 39兆6,540億日圓
法國	▲ 62兆4,874億日圓
美國	▲ 885兆7,919億日圓

（截至2017年底）　　出處：財務省

◆圖2-3-3

日美的對外淨資產狀況（新）

以日圓計價（兆日圓）

	2011年	2012年	2013年	2014年	2015年	2016年	2017年	2011年→2017年
日本	265	299	325	365	339	336	328	1.3倍
美國	-201	-382	-482	-834	-886	-947	-886	▼4.4倍
(美元兌日圓匯率)	77.57	86.32	105.37	119.8	120.42	117.11	112.65	

以美元計價（兆日圓）

	2011年	2012年	2013年	2014年	2015年	2016年	2017年	2011年→2017年
日本	3.42	3.46	3.09	3.01	2.82	2.88	2.91	0.9倍
美國	-4.46	-4.52	-5.37	-6.95	-7.46	-8.18	-7.73	▼1.7倍

若以日圓計價，日本的對外淨資產增加1.3倍，美國的淨負債增加4.4倍，
但如果以美元計價，則分別只有0.9倍和1.7倍。

出處：IMF、財務省

04 | 回溯過去的數據

量化寬鬆提高物價的途徑有四條？

在命名為安倍經濟學的一系列政策中，最受矚目的是日銀的量化寬鬆政策，也就是所謂的異次元量化寬鬆。

因為只要日銀不斷撒錢，物價就會上漲；人們認為物價還會持續上漲，就會積極消費，企業也會進行設備投資、擴大生產，最終使景氣好轉。這就是政府打的如意算盤（有嗎？）。

那麼首先，關於只要撒錢物價就會上漲這件事，是以什麼樣的印象為前提呢？

第一條途徑是，大量提供的資金被借給企業和個人，企業將其用於設備投資和研發上，個人則是拿來積極建設或整建住宅。這導致各式各樣的機械設備、建材、耐久財被購買，價格變得愈來愈昂貴。

第二條途徑是大量充斥在民間的資金依然流向股票和房地產，導致價格上漲，

讓持有這些資金的人都賺得口袋飽飽。這樣一來，為了要積極進行投資和消費，銷售者會強勢哄抬價格。這就是物價上漲的機制。

仔細觀察數據就會發現，在股價急劇上漲的時候，高級珠寶首飾、男裝等奢侈品的銷量往往會增加。

這個股票、房地產等資產的價格上漲所產生的效果，就是所謂的資產效應。

第三條途徑是由於日圓這種貨幣受到大量供給，日圓相對於其他貨幣的價值會下降。經濟的大原則是「稀有物品有價值，隨處可見的物品沒價值」，所以日圓會因此貶值。

事實上，自安倍經濟學開始實施的2013年以後，日圓就一路貶值。

日圓一路貶值，進口商品的價格當然會上漲。以日常用品為例，以原油為材料的聚乙烯產品、以麵粉為原料的各種食品，以及以大豆為原料的食用油等，這些商品的價格都會上漲。

第四條途徑是，由於日圓貶值，汽車、電子、機械等出口廠商的業績成長，使得薪資上漲，個人消費增加，物價上漲。

過去的消費者物價和GDP成長率的關係為……？

物價上漲之後究竟能否促進經濟成長呢？事實上這是最重要的部分。

日銀所提出的2％物價上漲率目標，終究只是中間目標。不，或許應該說是一種手段政府和日銀的最終目標是擺脫通貨緊縮，提高經濟成長率。

這意味著，**如果物價的上漲不能順利帶動GDP上漲的話，一切就沒有意義**。那麼今後物價上漲是否會擴大GDP呢？

對於這些疑問，我們首先應該將注意力放在「過去呈現什麼樣的趨勢？」等問題上。也就是說，**只要回溯過去的數據，我們就可以得知物價和景氣之間存在著什麼樣的關係**。

圖2-4-1是將過去35年的消費者物價上漲率與GDP的成長進行對比。檢視的結果如何呢？

讓我們用灰色區塊來表示消費者物價比前一年上漲1.5％以上的時期。

◆ <u>2-4-1</u>

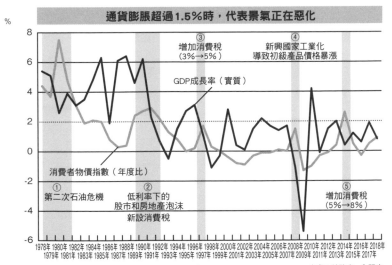

高油價、日圓貶值、增稅引發通貨膨脹而導致景氣衰退

在通貨膨脹率超過1.5%的①～⑤時期，GDP成長率都在下降。也就是說，物價上漲率超過1.5%的時候，景氣反而惡化了。這是為什麼？

首先從①開始談起。這時正是伊朗伊斯蘭革命引發原油價格暴漲的時期，亦即第二次石油危機。②是1989年4月開始創設消費稅而引發的通貨膨脹。與此同時日圓也不斷貶值當中（1988年＝128日圓⇒1989年＝138日圓）。

接下來的③是橋本政權下，消費稅上調（3%→5%）的時期。同時也是日圓貶值的時期（1996年＝109日圓⇒1997年＝120日圓）。

④是除了原油之外，小麥、大豆、非鐵金屬等大宗初級產品價格暴漲的時期。對於許多人來說，這些事情應該記憶猶新才是。中國、巴西等新興國家的快速工業化提高了原物料的價格。

最後的⑤，當然是伴隨著消費稅的上調（5%→8%）所致。

如上所述，物價上漲1.5%以上的時期，是由於海外原油等原物料價格上漲、消費稅上調或日圓貶值等原因所造成的，而非大多數人從「價格上漲」聯想到的「國內需求增加」。

在「通貨膨脹率偏高的時期」，「GDP成長較低」

如果物價是因為這樣的理由而上漲，那麼景氣衰退就是理所當然的。這可說是非常合理的現象。原油價格上漲和日圓貶值，是由於進口商品的價格提高，使得企業的生產成本也跟著提高。

此外，提高消費稅也會減少家庭消費。這些都是景氣衰退的主要原因。

為了使物價上漲帶動景氣的擴大，物價上漲必須是積極推動個人消費和企業設備投資等帶來的結果。

然而，在過去的35年中，物價年年上漲1.5%以上的①～⑤，都不是因為供需平衡好轉所導致的物價上漲。

因為光憑國內需求，日本的物價根本漲不到1.5%或2%以上，所以會這麼認為也是很自然的一件事。

附帶一提，人們經常會使用分布圖來觀察多組數據的相關度。

下面的**圖2－4－2**呈現出過去20年間的物價上漲率與GDP（經濟成長率）的關係，希望能透過這張圖讓大家理解上述的內容。

如果「景氣良好時，通貨膨脹率較高」這句話為真，那麼這張圖表所描繪的點就必須呈右斜上分布。

但是，這張圖不管怎麼看都看不出這種趨勢。反而在「通貨膨脹率高的時期」出現「GDP成長偏低」的結果。

◆圖2-4-2

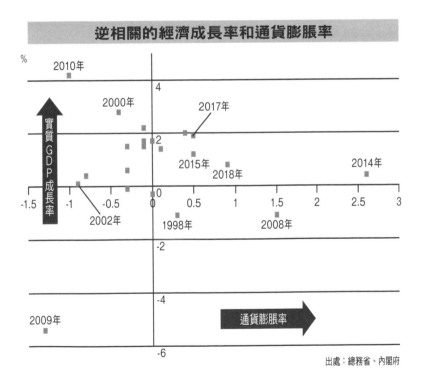

085

05│數據是從日本或美國的角度來觀察？

美國人是如何看待美元的價值？

同一件物品從另一面觀察，常常會被看成是完全不同的東西。

只要改變視角，就會發現截然不同的事物。這種情況在經濟社會中也很常見，比如在解讀經濟數據時，就會經常產生偏見。

日本眼中的匯率動向，在海外，特別是在美國的眼中，很有可能是完全不一樣的風景。這一點，只要從受匯率影響較大的貿易實際情況來觀察就能明白。

日本人在觀察本國貨幣日圓的匯率時，幾乎都會下意識地和美元進行對比。當然，這裡是以1美元＝112日圓這樣的「美元兌日圓匯率」的方式來表示。**最大的原因就在於美元是全球的關鍵貨幣。**

在進行貿易交易等跨國經濟交易的時候，結算時幾乎都是以作為關鍵貨幣的美元來計價。換句話說，美元在全球任何地方都適用，可說是通用性最高的貨幣。

如果貶值2日圓的話，我們就會立刻聯想到「美元升值了2日圓」。然而，美國人未必會馬上認為「我們的本國貨幣美元升值了」。

對日本人來說，作為本國貨幣的日圓，價值當然是以美元為基準來衡量，但**美國人衡量美元的價值並非以日圓為基準。**

因為美國人不一定會以「對日圓」為基準來看待對出口核算有重大影響的美元匯率變動。

不僅如此，他們甚至極有可能認為「從美國的整體貿易來看，美元對日圓匯率的變動並非什麼值得大驚小怪之事」。至少不會像日本人直覺上所思考的那樣，對區區2日圓的貶值和美元升值感興趣。

本書曾在第一章中提到，「日圓在2012年至2014年這段期間快速貶值，但美國卻沒有明確發出牽制日圓貶值的聲音」。

這一點只要觀察右頁的**圖2-5-1**就能輕鬆明白。我們可以認為，占貿易額的比例連5％都不到的日圓，其匯率的浮動對於美國當下的實體經濟理應不會造成太大影響的緣故。

這是為什麼呢？正如圖表所示，在這段期間，美元對日圓以外的其他貨幣反而呈

◆圖2-5-1

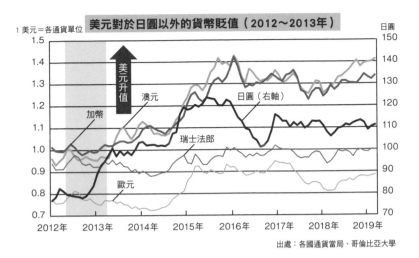

1美元=各通貨單位

美元對於日圓以外的貨幣貶值（2012～2013年）

日圓

出處：各國通貨當局、哥倫比亞大學

現貶值。換言之在這段期間，從日圓的角度來看雖然是「美元升值」，但從美元的角度來看，「美元對許多貨幣來說正在貶值」。

美元是以「美元指數」這項指標來衡量

川普政府將提高美國出口競爭力作為主要的施政目標。為此，川普認為有必要採取「修正美元升值」或「美元貶值」的政策。

話雖如此，也**未必非得讓「美元對日圓貶值」**。這是為什麼？其實只要觀察日美貿易實際情況的具體數據，就能夠明白這一點。

假設美國整體的貿易總額為100％，那麼對日貿易的比重只占5％。相反地，對歐盟為18％，對加拿大15％，對墨西哥14％。

這意味著，在觀察美元的貨幣價值時，比起對日圓，美元對歐元、對加幣、對墨西哥披索的匯率反而更為重要。

日本人要衡量日圓的價值時，做法很簡單。因為只要以關鍵貨幣美元作為基準就可以了。但對於美國人來說，衡量美元的貨幣價值並非一件簡單的事。那麼，他們要以什麼為標準呢？

這個標準就是「**美元指數**」。

這項指數除了日圓以外，也會顯示美元對歐元、英鎊、加幣、墨西哥披索等主要貨幣的綜合強弱感。從**圖2－5－2**可以看出，在2012～2013年間，日圓兌美元的匯率不斷下跌；從美元指數來看，美元的水準幾乎沒有變化。

日本對美國貿易的影響已經不像過去那麼大了

在日本人的記憶中，1980年代以前日本還在不斷歌頌自身在全球的影響力，大家都對「美國擔心日本的汽車等出口產品有可能會席捲美國市場」一事印象深刻。

但如今早已事過境遷。很遺憾，日本現在對美國已經不再具備過去的影響力。

從歷屆美國政府關注的對外貿易逆差來看，1980～1990年代中期，對日貿易占了60％以上，但這個比例到了2018年只剩下8％。如今美國對中國的貿易赤字占全體的44％，對歐盟占19％，對墨西哥占10％。

也就是說，現實問題是「**美元兌日圓的匯率出現若干日圓貶值的波動，對於美國的整體貿易已經沒有過去那樣的影響力了**」——用這樣的方式來思考比較好。與過去相比，情況產生極大的變化。

◆圖2-5-2

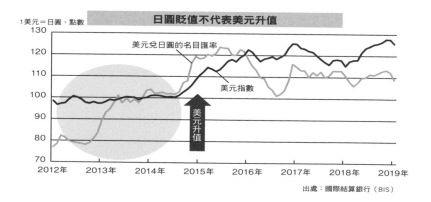

出處：國際結算銀行（BIS）

幾乎沒有影響。

僅占美國貿易額的 **5**%。

1美元＝100日圓⇒125日圓，所以「日圓下滑率」和「美元上升率」相同？

　　雖然正文沒有提到，但我想在這裡介紹一下關於匯率變化率的小陷阱。「匯率從1美元＝100日圓，升至125日圓」──這個變化該如何表現呢？

　　大致分為兩種。

　　一種是用幅度來表示數據變化的方法。也就是「日圓兌美元貶值25日圓」，或者「美元兌日圓升值25日圓」。這些都不難理解。

　　第二種方法是用變化率來表示。

　　那麼，「在這種情況下，日圓貶值百分之多少？」──如果是這樣問的話，應該有很多人會回答：「日圓貶值25％。」

　　所謂「日圓貶值25％」，是以美元為基準，日圓貶值25％的意思。然而，這種表達方式是錯誤的。為什麼呢？只要試著思考1美元＝100日圓這種表示法的意義就能明白。

　　「1美元＝日圓」這種表示法，代表美元的價值是用日圓的尺度來衡量。如果是說成1顆高麗菜＝100日圓的話，那就是以日圓為標準來表示高麗菜的價值有多少。

　　也就是説，從1美元＝100日圓變成125日圓，1美元的價值從100日圓上升為125日圓，所以是「美元升值25％」。

　　那麼，此時的日圓對美元反而貶值25％了嗎？

為了直觀地瞭解這一點，這裡我們需要用美元的標準來衡量日圓的價值。

1美元＝100日圓⇒125日圓

相當於1日圓＝1／100美元⇒1／125美元。

經過計算，

1日圓＝0.01美元⇒0.008美元。

由於小數點以下的位數較多，因此我們將它乘以100倍。

100日圓＝1美元⇒0.8美元

換言之，是「日圓貶值20％」。

因此，如果是闡述「從1美元兌100日圓變成125日圓，日圓貶值25％」的話，那麼這裡的25％就不正確。

在呈現美元兌日圓的匯率變化時，日圓匯率的變動率和美元的變動率是不一樣的。

其實這並不是什麼新鮮事。

身高150公分的人，可以對180公分的人說「你比我高20％」；相反地，在180公分的人的眼裡看來，卻是「你比我矮17％」。

06│個體（魚眼）和總體（鳥眼）

朝野針對家庭消費在爭論些什麼？

在2015年底的景氣論戰中，在野黨和自民黨的論點對立到底是什麼樣的內容呢？

民主黨認為「從實質薪資的下降來看，很明顯家庭的荷包愈來愈縮水」，並特別把實質薪資的數據放在前面。當然，這是基於名目薪資幾乎沒有上漲，加上日圓貶值以及消費稅增加導致物價上漲，薪資的實質價值持續下跌這些事實。

另一方面，回應這個觀點的自民黨則主張「雖然實質薪資正在下降，但就業人數卻穩定成長，如果排除增加消費稅的影響，就業者的收入反而是增加的」。

事實上，相同領域的經濟問題，是基於家庭層面的數據來討論，抑或從整個國家的層面來討論，會出現截然不同的景象。

僅就結論而言，雖然從家庭層面計算的薪資統計正在惡化，但從國家整體的角度來看，就業者的收入卻正在增加。換言之，這也是一場應該重視「實質薪資」，或是「就業者所得」更重要的論戰。

「實質薪資」VS「就業者所得」之戰！

那麼，我們該如何看待這個問題呢？

從家庭消費的角度來看，「實質薪資」VS「就業者所得」之戰（！），暗示著一個非常本質的問題。

首先，比較容易理解的是民主黨的主張「實質薪資持續下降」。

當然，「實質薪資」是指名目薪資扣除物價因素後的數值。具體來說，就是**「實質薪資的成長」＝「名目薪資成長」－「通貨膨脹率」**。

如圖2－6所示，包括消費稅增加在內計算出來的實質薪資，與前一年相比，幾乎一直在下降。

這表示從家庭的角度來看，平均薪資的實質價值正在下降。那麼，僅憑這個事實就能斷言家庭陷入貧困嗎？

自民黨對這個議題反擊說：「話不能這麼說。」該黨把「就業者所得」這項數據搬了出來。

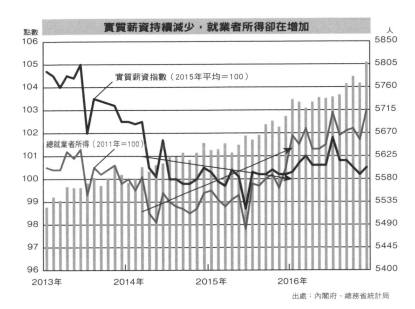

實質薪資持續減少，就業者所得卻在增加

實質薪資指數（2015年平均＝100）

總就業者所得（2011年＝100）

點數

106
105
104
103
102
101
100
99
98
97
96

人

5850
5805
5760
5715
5670
5625
5580
5535
5490
5445
5400

2013年　　　2014年　　　2015年　　　2016年

出處：內閣府、總務省統計局

　「就業者所得」這個名詞大家可能不太熟悉，但在GDP等國民經濟計算領域是一個非常重要的概念。

　簡單來說，就是「**就業者所得＝薪資 × 就業人數**」。

　換言之，從日本整體的角度來看，是就業者獲得多少所得的統計數據。也就是「企業賺取的收益中分配給勞工的薪資（就業者獲得的所得）」。現在，企業的獲利約有一半要支付給員工（就業者）。

　每逢日本國內選舉期間，自民黨往往主張的是「實質薪資正在下降」、「自安倍政府第二次上台以來，勞動市場增加了100萬就業者」、「實際上就業者所得並不如想像中下降得那麼多」、「非但如此，扣除消費稅增加的部分，和前一年相比經濟是成長的」等內容的說詞。

　請大家再看一遍**圖2－6**。確實在2014年第二季以後，就業者所得就有增加的趨勢。長條圖所顯示的就業人數，自安倍政府上台以來幾乎持續地增加，其效果逐漸顯現出來。

從「薪資」或從「就業者所得」的角度觀察，兩者都很重要！

那麼，在衡量個人或家庭的經濟富裕程度時，應該更重視薪資還是就業者所得呢？這應該是取決於站在什麼樣的立場而異。

「（平均）薪資下降」意味著從全體就業者的情況來看，收入更低的人增加了。近年來，新就業的人有超過一半都是兼職和工讀生，所以從整體來看，所得偏低的勞工階層膨脹是理所當然的一件事。

但如果站在總體經濟學的角度，從日本整體的家庭消費這樣的觀點來觀察，又會如何呢？在這種情況下，日本的全體就業者應該要更加重視賺取的就業者所得吧。至少從家庭消費這個GDP的最大構成要素的動向來看，平均薪資的變動固然重要，但更重要的是全體就業者的所得增減。

如第36頁的開頭所述，「縱使父親的薪資出現若干減少，只要家庭全體的收入增加，那就沒有問題」，像這樣的觀點在一般情況下是成立的。

只不過，隨著日本人口的減少，就業者也會不斷地減少下去。這意味著，只要平均薪資不上漲，整個國家的就業者所得就不會增加，連帶導致景氣不會好轉。

經常被誤解的
「平均薪資下降」

本書會出現很多有關「薪資」的統計數據。

尤其有好幾個地方都提到「日本的薪資於 1997 年達到最高,之後下降約一成」。但是請注意,這類描述中有一點可能會被誤解,縱使日本全體就業者的「薪資」下降一成,也不代表某些特定人的「薪資」下降一成。

「薪資」是指統計對象的平均薪資。因此,決定薪資數據的是「繼續就業的人的薪資變動」、「新就業者的平均薪資」、「退休者的平均薪資」這三個要素。這些都與就業者增加或減少多少人無關。

照道理來說,如果統計對象在沒有任何變動的情況下出現「薪資下降」的現象,就意味著(平均)薪資下降了。然而,就業者群體的組成成員無時無刻都在更換。

特別是 2014 年以後,相對於高所得的團塊世代大量退休,與此同時,相對低薪的兼職人員、工讀生以及外國勞工開始大舉進入日本的勞動市場。

像這樣,「新就業者的平均薪資」遠低於「退休者的平均薪資」的狀態持續著,使得日本的薪資水準在過去的 20 年間大大降低。

＜圖表陷阱　其二＞
注意圖表的斜率！

「如圖表所示，縱觀雷曼事件後的股價恢復期，紐約道瓊指數的上漲率遠遠高於IT、數位相關企業較多的那斯達克指數。」

那麼，這個評論是正確的嗎？紐約道瓊指數往右斜上傾斜的程度確實看起來比較陡峭。

不對不對，這完全是一種詐術。即使相同期間只上升一個刻度，無論是從5000上升到10000，或從10000上升到15000，斜率都是一樣的。儘管如此，前者的上漲率是100%，後者是50%。

我們必須注意單純以斜率來判斷的經濟評論。

因為就連公認的經濟專家，也往往會受到這種圖表陷阱所迷惑。

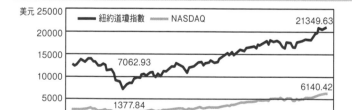

哪邊的上漲率較高？

美元 25000

— 紐約道瓊指數　— NASDAQ

21349.63

20000

15000

7062.93

10000

6140.42

5000

1377.84

0

2007 2008 2009 2010 2011 2012 2013 2014 2015 2016 2017

出處：紐約證券交易所、全美證券業協會

第 3 章

分解資料

大部分的人往往只會看到經濟數字的結果，而不瞭解原始數據和計算的過程。但是，如果仔細觀察其中的內容，說不定就會徹底改變對資料的印象。

01 | 次級資料一定要參考初級資料（實數值）

何謂快速改善「求人倍率」的詐術？

光從就業指標來看，日本經濟似乎正在以前所未有的速度持續改善當中。然而，現在如果將看見的就業指標照單全收，就會完全錯估實際的就業形勢。

這裡我們以求人倍率的詐術為例。

「求人倍率從0.8倍大幅提高至1.6倍」。對於這個安倍政府的說法，我們只要追溯其數據的源頭，也就是初級資料，就能輕易地得知哪個地方值得吐槽。

有效求人倍率＝有效求人數／有效求職者數

從2012～2018年的時間序列資料來看，求人數確實增加了80萬人。然而另一方面，求職者卻減少約70萬人。

換句話說，求人倍率數據的改善，有一半是因為求職者大幅減少的緣故。

這表示，即使求人倍率從0.8倍提高到1.6倍，這個數據也「不能照單全收」。

從「求人」倍率這個名詞來看，只要看到倍率提高，我們是不是都只會聯想到「求人」增加了？

可是，注意分母的求職者也很重要，從這點就能明白。

倍率是用除法計算出來的結果，它代表著分子和分母兩個數字之間的相對關係。

追溯加工前的初級資料，這樣才能看清本質

回到正題，為什麼2012～2018年的求人數增加這麼多，求職者卻減少了呢？

稍微觀察一下數字的內容，就會很容易地冒出這樣的想法。這一點很重要。「為什麼求職人數減少了？」光看倍率絕對不會出現這樣的疑問。唯有追溯至原始數據，才會對此產生懷疑。

換句話說，正是因為追溯第一手資訊，我們才得以更接近這個主題的本質。

這就是「**以數字為線索來促進思考**」。反過來說，如果不仔細觀察數字的話，就無法接近事物的本質。這是在經濟領域思考事物時非常重要的一面。

有效求人倍率上升的結構問題

278萬人

240萬人

有效求職者數

有效求人數　199萬人

1.63倍

171萬人

0.83倍

有效求人倍率（右）

2010年 2011年 2012年 2013年 2014年 2015年 2016年 2017年 2018年 2019年

出處：厚生勞動省

此外還有一點。在其他地方（第104頁）也會提到，和就業相關的數據多半都和「人」有關。失業率、求人倍率等，基礎數據都是「人數」。

這個部分完全不會考慮到每個勞動者的屬性。根據數據來思考就業問題，這是現在最重要的一點。

「求人增加」導致「求職者減少」──其理由是

一次4小時，每週輪班2天，於牛丼連鎖店打工的工讀生，與包括加班在內，平均每週工作55小時的企業員工，都被算成是「一名就業者」。

求人倍率也是一樣。招聘每週輪班兩次的工讀生也算成是「徵才一名」。即使招聘的是全職員工，也是「徵才一名」。

如果就業者都像昭和30年代幾乎全是全職勞工的話，問題就簡單多了。在解讀求人倍率等數據時，直接按照數值來評價求人倍率的變動，也不會有太大的錯誤。

但如今，包括兼職、工讀生、臨時工在內，就業形態正迅速朝多元化的方向發展。同時，兼職、工讀生的招募也在急劇增加。

在1995年時，兼職工作的求人數占全體求人數的22％，2005年占32％。到了2018年，求人總數為278萬人，而兼職工作的求人數為116萬人。

也就是說，兼職工作的求人比例高達42％。在這段期間，市場對兼職計時人員的需求（比例）急劇增加。

舉例來說，從「招聘10名全職員工」變成「招聘20名兼職計時人員」，求人倍率就會變成兩倍。

從**圖3－1**中求人倍率上升的背後，不難看出上述情況。

再補充一點，安倍經濟學開始實施時，適逢昭和22年～24年出生的團塊世代退休的時期，這些人如今都超過了65歲，即將邁入70歲大關。換言之，退休的人一口氣大幅增加，而為了填補這些空缺，招聘人數也增加了。

與此同時，65歲以上的人急劇增加，其中有超過半數都是退休老人。也就是說，這些人不會求職。由此可知，「求人增加」、「求職者減少」正是因為處在這樣一個特殊的時期。

綜上所述，我們不能天真地以「你看，有效求人倍率可是上升了這麼多」來評價。

評價安倍經濟學的論者，最喜歡提及勞動環境的大幅改善。的確，自2012年底安倍政府第二次上台以來，完全就業率就一直迅速下降，有效求人倍率也在持續上升。

但是，其背後卻隱藏著這樣的內幕。

團塊世代的大量退休

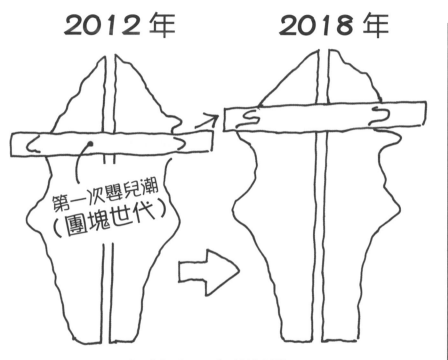

2012 年   2018 年

第一次嬰兒潮
（團塊世代）

安倍經濟學期間
團塊世代的年紀
已來到 65 歲以上

使得勞動人口發生巨大變化

02｜就業族群有誰？試著檢視詳細內容

觀察經濟數據的時候，試著想想「其內容有哪些？」

無論哪個時代、哪個政權都一樣，大家最關心的經濟統計數據之一就是就業。因為沒有工作這件事，是最容易成為攻擊政府的材料。

安倍政權也一樣。在誇耀經濟政策的效果時，最常強調的就是就業形勢。

尤其就業者增加更是經常被提及。自安倍政府執政六年以來，就業人數增加了400萬人以上。光看這個數據就很了不起。

「果然，日銀大膽的量化寬鬆造成日圓貶值，以出口企業為中心的獲利擴大。這使得企業獲利不斷膨脹，工作隨之增加，需要僱用新的人手幫忙」。

即便如此，這樣就可以斷定安倍經濟學時代的就業形勢好轉是「安倍經濟學政策的效果」嗎？

觀看經濟數據的時候，第一步是要先想到「其內容有哪些？」這是基本中的基本。 在大多數的情況下，根據其內容，可以發現它其實並不值得稱讚。

不僅如此，正如GDP部分（第110頁）所說，實際狀況正在惡化，但數據本身卻呈現好轉，像這樣的情況絕非罕見。

「就業者增加約400萬人」──其內容為何？

那麼，該如何切割「就業者增加400萬人」這個數據呢？

儘管統稱為就業者，內容卻是五花八門。按照就業形態來劃分的話，可以用「**正職和非正職**」、「**男和女**」、「**年齡階層**」等來區分。以國籍來劃分的話，可分為「**日本國民和外國勞工**」。如果分成這些要素，會出現什麼樣的狀況呢？

總務省統計局每月彙整的「勞動力調查」，是用來瞭解就業者詳細內容最清楚的形式。從這項統計來看，可以很輕易地發現以下數字。

一是圖**3－2－1**這種分別顯示正職勞工和兼職、工讀、派遣等非正職勞工的資料。

確實就業者在平成24年（2012年）為5161萬人（不包括管理職），平成30年（2018年）增加到5596萬人。六年內增加430萬人是鐵錚錚的事實。然而，若仔細觀察其內容，可以發現正職勞工增加130萬人，非正職勞工也增加300萬人。**在增**

◆圖3-2-1

日本就業者增加的詳細內容（1）

	總數				
	就業者	董事以外的就業者	正職員工、從業員	非正職員工、從業員	兼職、打工
平成24年	5,530	5,161	3,345	1,816	1,530
平成25年	5,558	5,213	3,302	1,910	1,323
平成26年	5,603	5,256	3,288	1,967	1,350
平成27年	5,653	5,303	3,317	1,986	1,370
平成28年	5,741	5,391	3,367	2,023	1,403
平成29年	5,810	5,460	3,423	2,036	1,414
平成30年	5,927	5,596	3,476	2,120	1,490

◆圖3-2-2

日本就業者增加的詳細內容（2）

	25～44歲			
	就業者	董事以外的就業者	正職員工、從業員	非正職員工、從業員
平成24年	2,542	2,466	1,789	667
平成25年	2,523	2,451	1,302	693
平成26年	2,507	2,436	1,288	703
平成27年	2,477	2,407	1,317	686
平成28年	2,452	5,383	1,367	667
平成29年	2,427	2,358	1,423	646
平成30年	2,400	2,342	1,476	635

◆圖3-2-3

日本就業者增加的詳細內容（3）

	65歲以上			
	就業者	董事以外的就業者	正職員工、從業員	非正職員工、從業員
平成24年	353	260	81	179
平成25年	376	268	81	204
平成26年	415	321	86	235
平成27年	459	360	93	268
平成28年	501	400	99	301
平成29年	531	426	109	316
平成30年	576	469	111	358

出處：均為總務省「勞動力調查」

加的就業者當中，實際上有七成是非正職勞工。

　　與正職勞工相比，勞動時間大幅減少的非正職勞工大量增加。無論是一週兩班工作6小時的人，還是每月加班時間長達60小時的大企業課長，都同樣算成是「一人」，這就是「就業者」的概念。

　　第二，我們還可以從**圖3－2－2**看出。這六年來，「25～44歲」的正職勞工正在減少。這個年齡層的就業者可說是勞動生產率最高的階層。也就是說，**正值壯年的就業**

第3章　分解資料

103

者正在持續地減少。

最主要的原因是這個年齡層的人口正在急劇減少。這表示日本工作的人當中，應該是最核心階層的勞動力，增加速度一口氣大幅下降。

第三，從相同年齡層的數據中，也能發現一些令人意外的數值。如**圖3－2－3**所示，65歲以上的就業者增加約210萬人。那麼，這些65歲以上的人之中，從事非正職工作的人增加多少呢？這個數字是179萬人。

65歲以上的非正職勞工快速增加

65歲以上的高齡者，從事兼職和打工的人數為何會激增？我想，這點或許從直觀上就能明白。因為與自己的上一輩相比，年金明顯減少，導致**認為「退休後仍不得不工作」的人增加**，所以會出現這種情況也很自然。當然在此之前，65歲之前的薪資上漲率也曾低到出乎大多數人的意料。有些人便認為「啊，這樣一來，就不能像當初規劃的那樣靠年金悠悠哉哉地過著退休生活了。」

說到這裡，我想大概已經有人注意到一件事。那就是「說到截至2018年為止的六年間，恰好就是團塊世代的人同時超過65歲退休的時期」。前一節看到的圖也有提及這個問題。

更鮮為人知的是，就業者在這段期間增加430萬人，其中外國勞工增加了70萬人。這項數據是來自厚生勞動省每年一次的調查，在日本國內工作的外國勞工，於2012年到2018年這段期間，從68萬人增加到146萬人，共增加約70萬人。

換句話說，**在這段期間增加的就業者中，有近兩成是外國勞工增加**所致。

近年來，在便利商店、餐廳等處工作的外國人大幅增加。大部分的人都很清楚，有許多便利商店只有外籍員工，特別是深夜。由此不難想像，日本人不喜歡的夜班工作是由外國人來填補的。

好了，說到這裡，安倍政府所稱「就業者增加約400萬人以上」的主張頓時黯然失色不少。

當看到數據時，不妨試著懷疑看看其內容的真偽？詳細項目有哪些？這樣一來，就會經常發現該數據給人的印象總是在不斷地改變。

仔細觀察細目的話

▷ 非正職增加

▷ 25～44 歲減少

▷ 65 歲以上  增加

03｜瞭解與前一月（前一年）相比的 數據極限

經濟數據大多以「與前一年相比」、「與前一月相比」來傳達

大家都認為，大部分的經濟數據用「與前一年相比」或「與前一月相比」來表示是理所當然的。

然而，仔細思考就會明白，這只不過是單純截取該數據在過去一年或一個月內的走勢罷了。加上以「與前一年相比」為例，我們只能看出與一年前的比較，無法看到其中的變化。

更極端地說，這只是把該時間點的數據整理成一個，再與一年前整理成一個的數據進行比較而已。中間完全沒有提及其中的過程。

舉例來說，如**圖3-3-1**所示，即使中間出現變化，與前一年相比都同樣下降了2%。然而，是像（甲）一樣在一定區域內循環變化的過程中呈現下跌，或者像（乙）一樣在長期幾乎持續下跌的情況下下降2%？還是像（丙）一樣長時間上升相

◆圖3-3-1

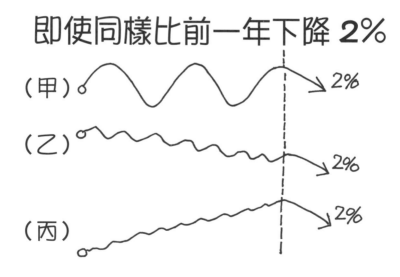

即使同樣比前一年下降 2%

（甲）　2%

（乙）　2%

（丙）　2%

當幅度,只是因為後繼無力而略微下降?這些完全無從得知。

這是因為大多數新聞的主要目的是報導「新的動向(news)」。換句話說,預先知道中長期動向的人,其實只需要知道最近的動向即可,這可以說是為了滿足這類人的需求。

不過,如果是相當重要的數據,通常至少會用圖表來表示好幾年的動向,但光靠文字(文章)傳達的新聞大多都不瞭解這一點。

不與前一年相比,而是用實數值來觀察,真相就會浮現出來

最能體現政策效果的綜合數據,當屬每季發布的GDP速報值。首先,這是將上一季的變化率換算成年率後的數據。彙整10~12月的數據時,將該年的數據與前一季(7~9月)進行比較,以「年增率」的方式來表示。

這裡為了方便理解,讓我們來看看以一年為單位的數據(年度數據),與前一年相比的情況(圖3-3-2)。

◆圖3-3-2

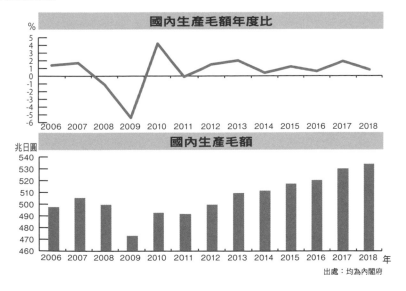

出處:均為內閣府

107

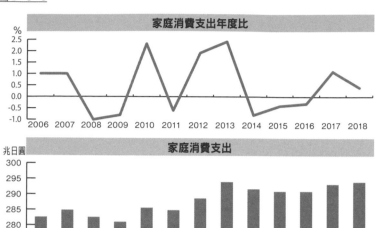

◆圖3-3-3

家庭消費支出年度比

家庭消費支出

出處：均為內閣府

　　像這樣只用折線圖來表示變化率，就能看出「2018年與前一年相比為0.8％」，起碼從圖中可以得知「自安倍經濟學開始實施的2013年以來，雖不斷出現小幅波動，但平均是以1％左右的速度成長」。

　　然而，如果像下面的圖表那樣將其作為實數值（絕對值）來觀察的話，又會看出什麼呢？

　　雖然這張圖是以長條圖來表示，卻能一目瞭然。我們可以看出「從雷曼事件的低谷中恢復共花了六年時間」、「開始實施安倍經濟學的2013年，終於恢復到雷曼事件之前2007年的水準」。

　　那麼，對於構成GDP的個人消費走勢，比較年度比和實數值的數據，可以從中發現到什麼？（**圖3－3－3**）

　　「2018年的個人消費比起前一年成長0.36％」——這是GDP統計所呈現出來的。或者可以看出「與2017年成長超過1％相比，下降了不少」。那麼，從實數（金額）來看又如何呢？

　　我們可以看到，由於2014年實施的消費稅增稅導致消費極度萎縮，直到2018年

才終於有所回升。也就是說，「花了四年時間才恢復」。與此同時，我們也可以看出**「不如想像中那麼高，只不過是回到安倍經濟學第一年（2013年）的水準而已」**。

不僅變化率，也要看實數值

換句話說，只從變化率來觀察最新的數據，就意味著只是從某一方面來觀察這個數據。而且在大多數的情況下，我們只能看到最近的動態。此外，新聞報導一般只能採用這樣的報導方式。

對於同一個主題，用不同的切入點觀察，就是站在不同的觀點來看。

有句成語叫做「瞎子摸象」（幾個盲人觸摸大象的身軀，每個人都根據自己所摸到的部分來描述大象），**同樣的數據從不同的角度觀察，就能以更立體的視點觀察這個對象**。

以一定的視點，用二次元的圖像來觀察某樣東西，通過觀察另一個二次元圖像，就能將這個對象物作為三次元圖像觀察，用這樣的印象來描述應該比較容易理解吧？

新聞姑且不說，大家應該會發現，在能夠一覽經濟數據的數學用表中，往往不僅顯示各年度的變化率，還會同時顯示變化率的絕對值（實數）。

04 | 經濟統計數據存在固有偏差

如果庫存的增加率增加，GDP就會上升

在上一節也有提到GDP這個概念。想要完全看懂這個統計數據，至少需要把握以下兩個要點。

一是注意民間庫存。民間庫存是指民間企業等單位作為庫存持有的產品和原料。

實際上，在統計GDP的時候，庫存增加會被算成是GDP擴大的因素（正因素）。換言之，在GDP的統計中，如果民間庫存增加，所得到的數值就是正數，也就是會視為景氣良好。

這是根據GDP統計上的定義。也就是說，民間庫存被認為是「生產出來的東西被生產者自己購買了」。在總體經濟中，關於GDP的主題一定要學習**三面等價原則**。

這項原則是指「生產出來的東西一定會被購買，收到貨款的人會將其進行分配（供應商和員工等）」。「被購買」是指買方「支出」金錢。因此，「生產額」等於「分配額」，也等於「支出額」。

說到這裡，應該有不少人會覺得奇怪。因為大家可能會說：「為什麼？生產出來的東西未必都能夠賣出去吧？」

但是，在目前的總體經濟中，標準的觀念是如果生產出來的東西賣不出去而變成「庫存品」時，就會被視為是「生產者自己所購買」。

在經濟學中，質疑這樣「真的符合實際情況嗎？」的聲音不絕於耳。

「庫存增加」有兩種情況

讓我們言歸正傳。「庫存增加」應該有兩種情況。

一種是「預期在不久的將來會賣得很好，所以積極增加庫存」。另一種情況是「原以為會賣得出去而生產，沒想到結果乏人問津」。後者稱為**非意願存貨增加**。

雖然很難判斷，但如果是因為「沒有出貨（賣不出去）」的話，那麼「庫存增加」其實是景氣不佳的一種表現。換言之，即使沒有按照預期出售而導致庫存增加（不良存貨增加），這種情況對GDP來說也是正面因素。

就算大罵「這太荒謬了！」但GDP就是在這樣的前提下計算出來，這也是沒有辦

法的事。

在上述截然相反的「庫存增加」中，若想弄清楚究竟是哪一種，只要同時檢視家庭消費和設備投資等數據，就能知道大致的傾向。

舉例來說，在**圖3-4**中的2017年7～9月，GDP成長了2.5％，其中有1.7％是由民間庫存成長支撐。最重要的個人消費卻是－1.8％，大大地拖累GDP的數字。這種庫存增加的情況就屬於「本來不想增加，但由於賣不出去，因此在非意願的情況下增加了」。而這個庫存的增加又拉升GDP的數值。

或者說，在2018年7～9月期間，無論是個人消費和企業設備投資都呈現大幅衰退，GDP也大幅滑落－2.4％；但諷刺的是，民間庫存的增加卻在一定程度上彌補了GDP的下滑。

◆圖3-4

雖說GDP成長了⋯

	國內生產毛額（支出方）	民間最終消費支出	民間住宅	民間企業設備	民間庫存變動	政府最終消費支出	公共固定資本形成	財貨、服務淨輸出		
								純輸出	出口	進口
2016/ 1- 3.	2.9	0.9	0.2	-0.6	0.2	0.9	0	1.3	0.2	1.1
4- 6.	0.1	-1.2	0.3	-0.4	1.5	-0.7	0.3	0.3	-0.4	0.7
7- 9.	0.9	1.1	0.3	-0.2	-2	0.3	0.1	1.4	1.8	-0.4
10-12.	0.9	0	0.1	0.8	-1	-0.1	-0.4	1.7	1.9	-0.3
2017/ 1- 3.	3.6	1.2	0.1	0.9	0.6	0.2	0.1	0.3	1.1	-0.8
4- 6.	1.8	2.2	0.2	0.5	-0.6	-0.1	0.6	-1.2	0	-1.2
7- 9.	2.5	-1.8	-0.2	1.1	1.7	0.2	-0.5	2.1	1.7	0.4
10-12.	1.6	1	-0.4	0.5	0.4	0	0	0.1	1.5	-1.4
2018/ 1- 3.	-0.4	-0.5	-0.2	0.7	-0.5	0.2	-0.1	0.2	0.3	0
4- 6.	1.9	1.4	-0.2	1.6	-0.2	0.1	-0.1	-0.6	0.3	-0.9
7- 9.	-2.4	-0.5	0.1	-1.7	0.6	0.2	-0.4	-0.6	-1	0.5
10-12.	1.9	0.9	0.1	1.7.	0.1.	0.6	-0.3	-1.2	0.7	-1.9

＊對國內生產毛額（支出方）的貢獻度

出處：內閣府

用語

表中用語	民間最終消費支出	民間住宅	民間企業設備	民間庫存增加	政府最終消費支出	公共固定資產形成	公共庫存增加	淨出口
常見名稱	家庭消費	住宅投資	設備投資	民間庫存	政府消費	公共事業	公共庫存	淨出口

擴大內需增加進口，GDP就會減少

GDP的詐術（？）不光是這些。在這裡臨時和大家玩個猜謎。假設與上一季相比，我國的進口增加了。除此之外的GDP（國內生產毛額）構成項目（資料＝個人消費、民間設備投資、公共事業等）沒有任何變化。那麼，在這種情況下，GDP會增加還是減少？

答案可能會讓大家跌破眼鏡，其實在這種情況下，GDP會減少。即便進口增加是由於國內個人、企業的積極消費和設備投資（亦即國內需求的增加）所致。

這是為什麼呢？**因為在現行的GDP統計中，出口被視為正因素，進口是負因素。**進口增加被認為是「國內生產無法滿足國內的需求 國內的生產力相對不足」。然而，這有點偏離生活的實際感受。這是觀察GDP統計時的第二個重點。

GDP真的能代表國民的幸福嗎？

GDP統計的始祖為顧志耐（Simon Smith Kuznets），他以提出「顧志耐週期」（景氣循環的一種：以20年為一個週期的建築物循環形成的經濟週期）而著稱。1930年前後，全球經濟正陷入恐慌，當時的美國政府為了採取有效的經濟措施，必須掌握經濟實體具體的數值，呼應這項需求而創造出來的，就是GDP這個統計數據。

顧志耐本人也評價說，**GDP統計只是單純地衡量生產額，仍舊無法考慮福利和富裕程度。**

「GDP真能呈現國民的幸福嗎？」像這類議論至今仍未曾停歇，但其實用不著討論。因為早在近100年前，提出這個理論的人就曾正確地指出經濟數據的局限性。

統計有其特有的慣性（多半是「認定」）。這是觀察經濟統計數據時非常重要的觀點。所謂認定，是指「雖然未必能正確反映實際情況，但在實務上就是這樣『認定』而進行計算」。

進口一旦增加就會減少

GDP

光靠生產
並無法衡量
福利和富裕
程度。

05 | 同樣是「一名就業者」，
意思卻完全不同！

國家整體成長率＝就業人數 × 勞動時間 × 勞動生產率

想正確解讀就業相關數據，瞭解其本質，就一定要思考「勞動時間」這個要素。它就是本節要探討的主題。

就業和勞動領域的經濟數據，一般包括失業率、求人倍率、就業人數、僱用人數等。然而，這裡卻完全沒有出現最重要的「勞動時間」這項要素。

不將時間考慮進來而得出的數據，根本不能正確地反映現實的經濟社會。僅憑這些數據，並無法看清就業的本質。這時該怎麼辦才好？

所有在職員工在一定期間內工作多久，這個**總勞動時間**才是決定一個國家經濟成長率的基礎。

國家整體成長率＝就業人數 × 勞動時間 × 勞動生產率

勞動生產率是指每單位時間能創造出多少有價值的產品，我們先將這項指標擱在一旁不看。

勞動時間才是本節要探討的問題。決定經濟成長的既不是總人口，也不是生產年齡人口，更不是由就業人數和僱用人數來決定，「**就業人數 × 人均平均勞動時間**」才是決定性的重要因素。

從個人的角度來看，生活的富裕程度不僅僅取決於表面上的薪資，「**為了賺到這些錢，共花了多少時間**」才是最重要的。用簡單一點的說法，就是「**為了吃到一碗牛丼，需要工作多長時間**」。它基本上決定了我們的生活品質。

呈現漂亮的右斜下曲線的「勞動時間」

要理解這條曲線，我認為可以從想像下面的日常景象開始。

父親受惠於「勞動改革」，使得每月50小時的加班時間縮短為20小時。當然，薪資總額也跟著減少。於是，一直在找工作的母親開始從事每週兩次＝4小時（每月

◆圖 3-5-1

出處：總務省統計局

20小時）的兼職工作。這意味著這個家庭增加了一名就業者。然而，這個家庭的總勞動時間減少了10個小時。母親的時薪比不上父親的時薪，導致這個家庭的收入比之前更少。

依這個情況來看，統計資料上是「失業率下降」、「就業者增加」。但是「上班時間減少」、「收入減少」。

實際上這正是日本目前所處的狀況。那麼，首先試著調查一下「勞動時間」吧。

總務省的「勞動力調查」中有就業人數和「每週上班時間」的資料。將這些數據用**圖3-5-1**來表示。「勞動時間」在總務省的統計中稱為「上班時間」，所以後面就用這個名詞來表示。

首先是上班時間呈現平穩的右斜下曲線。在這段期間，全球經濟經歷了雷曼事件帶來的巨大波濤，景氣也跌宕起伏，日本經歷政權交替，還度過三次驚天動地的大地震。儘管如此，如果不看這些意外，**每個就業者的勞動時間確實正持續地穩定減少。**

其中有超過一半的原因在於兼職、打工、派遣等在全體就業者中所占比例有所上升。這些人多半都不是全職，而是兼職，平均勞動時間也不長。

第3章 分解資料

115

就連雇主也開始認為「儘管景氣出現若干好轉，也不知道會持續到什麼時候。隨著數位科技和人工智慧的發展，想必會逐漸邁入機械化和無人化吧」、「可以更仔細地調整兼職人員和工讀生等勞動力」。

生活品質＝保證三餐溫飽所需的勞動時間

那麼，在日本國內工作的所有人，總上班時間呈現什麼樣的趨勢呢？這點可以從**圖3-5-2**看出。這是就業人數乘以人均上班時間的結果。資料為每週的數據。

日本在2000年的全國勞動時間為27億小時，而現在是25億小時。果然是因為安倍經濟學使得就業者增加，終於在減少總上班時間的問題上漂亮地踩了剎車。

即便如此，與2000年時相比，日本整體的勞動時間依然減少了一成。

由此可見，如果將目光轉向勞動時間這個要素，就會發現**日本正在悄悄地發展「工作分攤制（work sharing）」**。

所謂「工作分攤制」，就是通過縮短每位勞動者的工作時間，來增加社會全體的就業人數。在景氣惡化導致工作機會減少的情況下，可以透過工作分攤的方式來減少失業者。這是從北歐的勞工運動中產生的想法。安倍政府雖然沒有說出「工作分攤」這

◆圖3-5-2

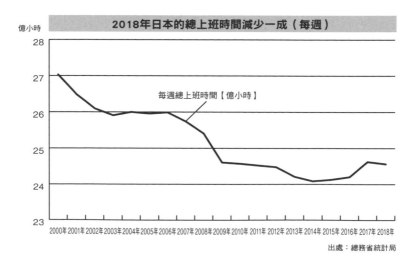

億小時

2018年日本的總上班時間減少一成（每週）

每週總上班時間【億小時】

2000年 2001年 2002年 2003年 2004年 2005年 2006年 2007年 2008年 2009年 2010年 2011年 2012年 2013年 2014年 2015年 2016年 2017年 2018年

出處：總務省統計局

類名詞，但我們可以認為現實中已經出現類似的情況。

18年間，人均上班時間減少了12％，而就業者卻從6450萬人增加到6660萬人，僅增加3.3％。所以總上班時間會減少也是理所當然的。**圖3－5－2**就顯示出這一點。

我想大家已經瞭解在就業問題上，「時間」這個要素非常重要。

綜合以上兩張圖，我們可以清楚地看到，近年來日本勞動市場的結構發生了極大的變化。

換言之，特別是自2012年以後，當日本國內的就業人數增加的同時，實質上人均勞動時間正急劇減少。

這顯示在這段期間內，就業者增加幾乎都是由於兼職計時人員等非正職勞工增加所導致。

不能因為現在失業率下降，求人倍率上升，就簡單地斷定就業環境好轉⇒景氣朝著復甦的方向前進。換言之，這些數據的改善必須加入「勞動時間」這項要素，進行大幅度的修正後再開始閱讀。

有時會使用「就業品質」之類的抽象詞彙，但這些一點都不重要。**為求三餐溫飽，一天或一個月要花上多少時間，基本上決定了這個人的生活品質。**

如今打工只要工作一小時，就能吃上一頓「早餐＋午餐定食」，但在我還是學生的時候，在什錦燒店工作一小時賺取的時薪只有100日圓，頂多只吃得起學生食堂的咖哩飯。如今在便利商店或食堂工作一小時，就能賺取1000日圓。這些錢吃兩頓飯都沒問題。

這就是生活富裕的基礎。

「出口主導」的經濟復甦，
是企業努力的結果嗎？

從安倍首相第二次執政以來，到2018年底整整6年，這段期間的經濟成長究竟是靠什麼支撐下來的呢？

靠個人消費來支撐，這點實在無法想像。那麼是「企業對設備投資變得積極嗎？」……這點也值得懷疑。

答案其實只要看右邊的表格就一目瞭然了。

很明顯，這段期間的經濟成長，有超過半數是由出口主導。「出口主導」這個名詞經常出現在新聞報導和報紙解說當中。可是，「出口主導」這個名詞往往會受到一些誤解。

可以想像有不少人會認為是我國的企業努力銷售，或者產品的出口競爭力提高。但意思有點不一樣。

決定出口增減的最大因素是「海外景氣」。一般的商業交易也是如此。想賣掉卻找不到買方，東西就賣不出去。也就是說，決定交易量的第一要件是「購買需求的大小」。

只有高附加價值的日本企業才能生產新產品，這點當然也包含在出口增加的因素裡，但最根本的還是需求的大小。否則每年的出口不會有如此大的變動。

這樣看來，過去6年日本的經濟成長中，有超過半數是由出口成長（全球景氣）所支撐的。

日本的實質GDP

出處：內閣府　　　　　　　　　　　　　　　　　　　　　　　　（年度比：％）

	國內生產毛額	民間最終消費	民間企業設備	政府消費投資	出口	其他
2013年	2	1.4	0.5	0.6	0.1	-0.6
2013年	0.4	-0.5	0.8	0.1	1.5	-1.5
2013年	1.2	-0.1	0.5	0.2	0.5	0.1
2013年	0.6	-0.1	-0.2	0.3	0.3	0.3
2013年	1.9	0.6	0.6	0.1	1.1	-0.5
2013年	0.8	0.2	0.6	0	0.6	-0.6
平均	1.2	0.3	0.5	0.2	0.7	-0.5

※數值均為對GDP的貢獻度。各要素相加起來等於「國民生產毛額」的成長率。

　　本書在好幾個地方介紹了「不參考全球景氣的動向來討論日本景氣是錯誤的」這個觀點。特別是第5章第1節「比較的前提條件和時代背景相同嗎？」的部分，用圖表呈現全球經濟和日本經濟的是如何密切地聯繫在一起。

　　從這些事實來看，我們不得不認為，在整個安倍經濟學時代，日本的經濟成長率有超過一半是由全球景氣帶動起來的。

COLUMN

06

―

＜圖表陷阱　其三＞

那是標準時的情況

　　「你看，近年來安倍經濟學也產生一定的效果，所以日經平均指數的上漲率要比紐約道瓊指數還要高」，假設有人拿左下角的圖表對你這麼說。那麼，你會因此認同對方的說詞嗎？其實這也是一種很典型的詐騙技巧。

　　在這個圖表中，以2012年10月為100點的指數來表示，日經平均股價的表現確實明顯要亮眼得多。

　　那麼，讓我們試著改變一下指數的標準時間吧。如右下角圖表所示，把時間換成2013年5月一看；哎呀，真不可思議。兩者都雙雙順利上漲，我們可以解讀成美股在2017年的狀態反而更好。

　　這是因為，如果以比前後更低一段的地方作為起點（標準）的話，就可以突顯數據後面上升程度的高低，這是其中的關鍵。

表現極差的紐約道瓊指數？共同奮鬥的日經平均指數和紐約道瓊指數

——日經平均指數225　　——紐約道瓊指數30

第 4 章

瞭解數據的極限

消費者物價指數和 GDP 都是超有名的經
濟數字。但即使是經常使用的指標,也
不一定能忠實反映經濟的動向。許多數
據和指標都有各自的問題和極限所在。

01 | 政府質疑官方數據的理由

財務大臣對基礎統計表示懷疑!?

說到2015年10月，正巧是安倍經濟學實際實施了兩年半的時間。

所謂的經濟政策，從實施到開始顯現效果，按照常理來說，需要花上一兩年的時間。政府直接支出的財政政策，其效果會比較快顯現出來，而貨幣政策等一般最快也需要一年的時間。

儘管日本自2013年以來實施前所未有的大規模量化寬鬆，日圓不斷貶值，股價大幅上漲，但在2015年年中，日本的景氣並沒有如想像中的那麼好（參考圖**4－1－1**）。

2014年4月實施消費稅增稅之後，景氣的恢復腳步也比預期的要緩慢得多，多數問卷調查結果顯示，感覺「沒有實際感受到景氣復甦」的人占了約七到八成。

就在這個時候，當時的財務擔當大臣麻生太郎就在經濟財政諮詢會議上，針對幾項基礎統計提出質疑。「關於企業獲利等動向——基礎統計的進一步充實」的提議就是在這樣的背景下提出。

◆圖4-1-1

出處：總務省統計局

經濟諮詢會議是內閣府設置的會議之一，主要用來接受首相的諮詢，對有關經濟財政整體的重要事項進行調查和審議。

這是一個象徵將過去由官僚主導的預算編制等財政政策，轉向政治主導的協商機構。這個會議決議的內容，作為所謂的骨幹方針，以構成政府實施經濟財政政策的基本框架。

提出問題的指標及其內容是什麼？

經濟諮詢會議上提到的問題指標及其內容如下。這些均為計算GDP時的主要統計數據。

一個是用於估算占GDP近六成的民間最終消費支出實際情況的「**家計調查**」（總務廳發表）。顧名思義，這是以家庭為對象的調查。

有人指出，這裡統計的個人消費資料，和零售店等供給方調查的「**零售業銷售統計**」（經濟產業省）之間的差距，近年來正在擴大。

如圖**4－1－2**所示，尤其2014年中期以後，差距擴大的趨勢特別明顯。

其中一個原因在於，後者（零售業銷售統計）包含個人以外的事業者和訪日外國遊客等的消費，而前者（家計調查）卻沒有包含在內。此外，在家計調查中，60歲以上高齡者的回答比率比較高，因此也被指出重心往往轉移到高齡者的消費上這一點。實際上在家計調查中，60歲以上家庭的回答比率超過全體的50％。

另外，在衡量就業和薪資環境方面極為重要的「**每月勞動統計**」（厚生勞動省）中，現金薪資總額的數據因2015年1月的樣本更新而出現了落差，因此也被視為一大問題。也就是說，由於更換數據時是回溯到之前的數據進行修改，因此與已經公布的現有數據相比，有人指出數據出現大幅度的下調修正。

如圖**4－1－2**所示，與基於舊樣本的數據相比，修正後的數據成長率通常比較低。對於樣本替換所產生的數據可信度的懷疑一直持續到2019年1月，每個月同樣都會對勞動統計調查數據進行一番熱烈的討論，這些事至今仍記憶猶新。

另外，針對「**消費者物價指數**」（總務省統計局）也提出好幾個問題。譬如有人指出，儘管網路讓市場的規模正在迅速擴大，但以家電為首的大部分產品都沒有加入網路銷售的價格，這方面也是一個問題。

關於基礎統計的進一步充實

為了準確掌握經濟形勢,是否有必要完善作為GDP估算基礎的基礎統計數據呢?

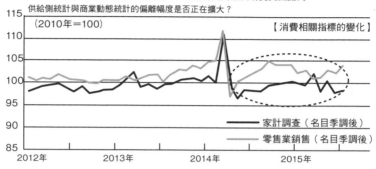

家計調查:決定占GDP六成的民間最終消費支出動向

供給側統計與商業動態統計的偏離幅度是否正在擴大?

【消費相關指標的變化】

家計調查(名目季調後)

零售業銷售(名目季調後)

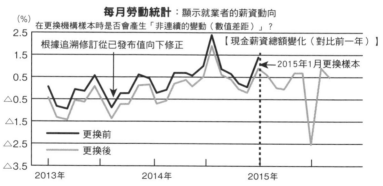

每月勞動統計:顯示就業者的薪資動向

在更換機構樣本時是否會產生「非連續的變動(數值差距)」?

根據追溯修訂從已發布值向下修正

【現金薪資總額變化(對比前一年)】

2015年1月更換樣本

更換前

更換後

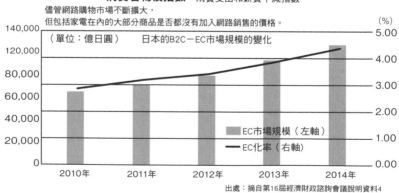

消費者物價指數:消費支出和薪資平減指數

儘管網路購物市場不斷擴大,
但包括家電在內的大部分商品是否都沒有加入網路銷售的價格。

日本的B2C-EC市場規模的變化

(單位:億日圓)

EC市場規模(左軸)

EC化率(右軸)

出處:摘自第16屆經濟財政諮詢會議說明資料4

甚至在GDP統計中占據重要位置的民間住宅投資的基礎資料**「建築物開工統計調查」（國土交通省）**，也針對整建或改建這類有增加趨勢的補充比率是否偏低一事提出建議。

但是，這裡有一點必須留意。那就是，以上所有的建議都是基於「目前的統計數據比起實際經濟狀況還要低」這項認知。換句話說，就是基於**「好不容易通過安倍經濟學使實際經濟狀況（應該）獲得改善」**，但**「這些未必會反映在現在的統計數據上，因為數字太低了」**的認識之上。

家計調查中顯示，個人消費明顯低於零售銷售額，每月勞動統計中的現金薪資總額在樣本更換後有所下降。或者沒有充分反映整建等因素的建築物開工統計，數值往往計算得較低。

這些都是拉低GDP數據的主要原因，對政府而言並不是一件好事。

在麻生大臣的提議下，之後就重新評估政府統計一事進行正式的討論。然而，在此之後一直沒有得到結論，直到2019年1月，每月勞動統計等多項政府統計的重大瑕疵又再次被揭露出來。

⓪2 | 政府拿出新的指標，
　　　就要懷疑其真意

（國民總所得）這個數據跑去哪兒了？

安倍首相是在2012年年底展開第二次執政之路。

過了沒多久，在2013年6月，首相突然親口宣布「10年後讓人均**國民總所得（GNI）增加150萬日圓**」。他是在演講中闡述被認為是安倍經濟學三大支柱之一的成長戰略。

其後，內閣會議通過的所謂骨幹方針（政府經濟、財政政策的基本方針）中，也把國民總所得納入經濟成長的目標。

我想應該會有不少人一頭霧水。因為衡量經濟成長率的標準不是GDP嗎？

從那之後過了將近六年的時間，後來安倍政府似乎封印了GNI這個用語。報紙上也幾乎看不到GNI這個名詞。

政府也不再於正式場合使用GNI這個概念。到底什麼是GNI？

它和我們一般認為的成長率指標GDP有什麼不一樣呢？

是「國內」還是「國民」，是「生產」還是「所得」

GDP（國內生產毛額）是「Gross Domestic Product」的縮寫。換言之，它代表國內每年生產的經濟附加價值金額有多少。而GNI是「Gross National Income」（國民總所得）的縮寫。

兩者的**差異在於是「國內」或「國民」，是「生產」或「所得」**。

首先，我們熟悉的GDP還包括巴西籍人士在埼玉的SUBARU工廠工作的生產部分（a）。因為是在日本國內生產，所以是「國內生產」。但是，這並非日本國民的所得，所以不計入GNI。

另一方面，於豐田汽車加拿大當地法人工作的日本人，其賺取的收益（b）則屬於「日本國民所得」，因此會計入GNI。但是，這並不算在代表「國內生產」的日本GDP當中。

GDP 和 GNI 的差別

國內生產的附加價值
國內生產毛額

經濟規模
顯得較大

國民總所得

海外工作的日本人的收益也算在內

在執政初期

被隨意使用的 GNI

期待 GNI「國民所得」的成長高於 GDP「國內生產」

那麼，（a）和（b）哪個比較多呢？這裡是關鍵。日本由於長期處於日圓升值、通貨緊縮的經濟下，許多製造商都將生產據點搬移到海外，導致海外生產快速增加。

尤其在雷曼事件後，為了避免日圓急劇升值，導致出口競爭力下滑，於是更加快這類動向。

換言之，在上面的例子中，（b）不斷增加。

此外，海外企業將生產據點搬回日本國內的情況並沒有明顯的增加。也就是說，（a）並沒有增加多少。

因此，**比起用 GDP 來計算，用 GNI 來計算當然更能顯示日本的經濟規模；隨著日本企業進軍海外的腳步加快，GNI 可以預期會有更大的成長。**

加上在人口減少的背景下，日本國內需求縮小，以此為基礎的生產不會成長的預期也發揮作用。在這樣的預測下，GNI「國民所得」應該會高於 GDP「國內生產」，因此備受政府的期待。

安倍經濟學的成果讓使用 GNI 數據的意義已經消失

只不過，在思考 P「生產」和 I「所得」時，還有一件很重要的事。那就是，如果日本大量進口的原油等原料價格上漲，那麼向海外支付的金額就會跟著增加。這雖然與「生產」沒有直接關係，但會影響到「所得」。

換言之，即使油價上漲，向海外支付的金額增加，GDP 也不會改變，但 GNI 卻會減少。相反地，如果日本出口的汽車性能提高，能夠以高價出口的話，日本國民獲得的所得就會增加。這意味著 GNI 會隨之增加。此稱為貿易條件。一般是用出口價格指數除以進口價格指數計算出來。

如圖 4−2 所示，在安倍首相宣布「GNI 成長」的 2013 年 6 月時，GDP 為 494 兆日圓，而 GNI 為 507 兆日圓。此外，在 2013 年年中，GNI 的成長率也一度暴漲。

然而，在 2016 年以前，縱觀整個期間 GNI 與 GDP 的走勢基本一致；但在 2016 年以後，GNI 的成長卻看起來不太樂觀。原因除了這段時期原油價格上漲，使得貿易條件惡化之外，加上全球景氣成長緩慢，海外生產停滯不前，這些都是主要因素。

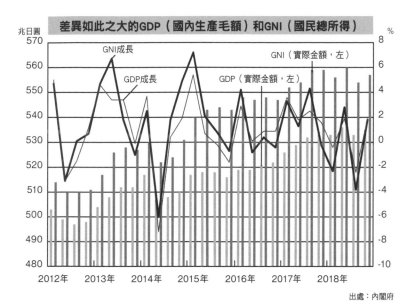

出處：內閣府

　換言之，政府可能注意到，這個時候**為了給安倍經濟學的成果留下深刻印象而使用GNI數據已經不具意義了**。

　根據當時的經濟狀況，用GDP或GNI來解釋成長率，這種做法並不值得讚許。這也是理所當然的事。

　話雖如此，在公布GDP的時候，報紙上要同時報導GDP和GNI兩種數據也未嘗不可。因為GNI是衡量「國民」和「所得」的重要指標。

第4章　瞭解數據的極限

129

日銀推出新指數，
突然冒出的全新物價指標
「日銀核心」

　　拿出對自己有利的數據並非政府的專利。日本銀行也曾突然推出過有「日銀核心」之稱的指標。那是 2015 年的事。

　　日本人一般都將其視為消費者物價，也就是「消費者物價指數（生鮮食品除外）」。這個指數中包括能源價格，所以很容易受到海外原油價格變動的影響。加上中東地區等地的地緣政治風險等因素，導致其動向沒有一定的規律。因此日銀表示，希望將排除能源價格的消費者指數作為重要的參考。這也不是沒有道理。

　　然而，重新觀察後可以發現，這段時期的原油價格呈現下跌，包括原油價格在內的指數也下降了。因此，扣除能源價格後的指數反而可以顯示得更高。對於因為無法達到「2％通貨膨脹目標」而苦惱的日銀來說，「排除能源」的物價指數，不僅上漲率較高，也對日銀本身有利。圖表就充分地說明了這一點。

　　但是油價在 2016 年以後又開始上漲。兩個指數出現逆轉。因此，日銀後來便不再提出「排除能源」的指數。

　　此外還有一點。這件事讓我有點吃驚，日銀通貨膨脹目標中設定的「消費者物價指數」概念，曾在中途發生改變。但是，就連專家也幾乎沒有人清楚地認識到這一點。這是怎麼回事呢？

　　2013 年，日本銀行當初提出 2％ 的通貨膨脹目標時，是將其規定

日銀作為目標的消費者物價指數是哪個？

美元／桶

因為油價下跌，
使得「排除能源」的數據較高

出處：總務省統計局

■ 排除生鮮食品的綜合　　排除生鮮食品及
能源的綜合　　綜合　　■■ 原油價格（WTI，右軸）

為「消費者物價（綜合）」。但是到了 2016 年 9 月，目標項目卻突然
改為「消費者物價（排除生鮮食品的綜合）」。我不記得報紙上曾經報
導過這件事。

　我認為日銀有義務更明確地說明，他們是以何種物價指數為基礎提
出 2% 的通貨膨脹目標。

03｜沒有「時間」的數據，有其極限

如果注意「時薪」的話……

珍妮特・葉倫於2014年至2018年擔任美國聯準會的主席，她與丈夫、也就是諾貝爾經濟學獎得主喬治・阿克洛夫（George Akerlof）都被視為勞動經濟學的大師。正因為如此，兩人對就業、勞動領域的眼光應該會特別嚴格才是。

除了失業率和就業人數的增減以外，他們也經常提醒大家必須關注長期失業人數、放棄求職的潛在失業人數，以及「**時薪**」等問題。

尤其在任期的後半段，葉倫有一段時間認為家庭消費不如預期的原因，有可能是因為「時薪」的成長緩慢所致。

那麼，如果把焦點移到「時薪」這個概念上，現在日本的就業環境和就業狀況會呈現出什麼樣的景象呢？

在日本，說到對勞工生活水準影響最大的薪資數據，通常都會提到「實質薪資指數」來作為指標。

如**圖4－3－1**所示，從1997年的115.7到2018年的101.0，一共下降13％（2015年＝100）。幾乎每年都以0.6％的速度下降。

◆圖4-3-1

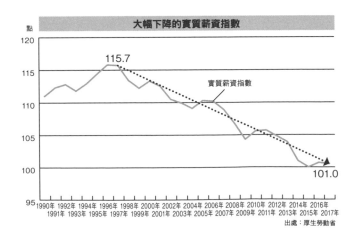

出處：厚生勞動省

132

本書的第95頁中曾經介紹「實質薪資下降並非指任何一名勞工的薪資按照這個速度減少」、「從整體勞工的角度來看，是低薪資的打工計時人員等大幅增加，造成整體的薪資水準降低」等內容。換言之，是全體就業者的平均薪資（這是虛構的數值）下降了。話雖如此，實質薪資以如此快的速度急劇下降，消費當然不會成長。

　那麼，在政府的經濟政策中，當討論到最重要的主題，也就是薪資問題的時候，是否能夠僅靠實質薪資的變動來判斷呢？

2010年以後，「薪資」下降＝「時薪」下降

　好了，說到這裡，大家應該都會注意到美國聯準會主席葉倫提出的「時薪」這項因素。

　如果**從勞動者以何種價格將勞力賣給所屬企業**的觀點來看薪資的話，難道**「時薪」不正是更實質的薪資指標嗎**？

　圖4-3-2是將1990年以後的現金薪資總額（除了規定薪資以外，還包括獎金等）的變化（名目值），和總實際勞動時間的變化結合在一起的圖表。

　從圖中可以看出，薪資總額從1997年的最高點37萬1670日圓，減少至2018年的32萬3553日圓。

◆圖4-3-2

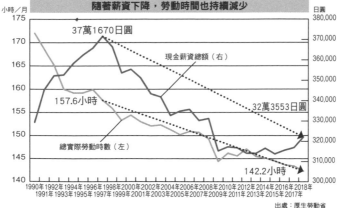

出處：厚生勞動省

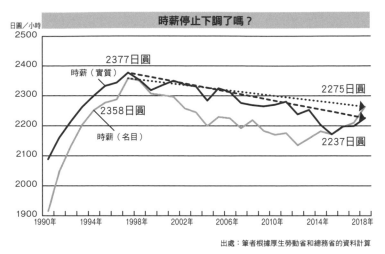

出處：筆者根據厚生勞動省和總務省的資料計算

但請大家留意，勞動時間也從157.6小時減少為142.2小時。

因此，如圖**4－3－3**所示，時薪從2358日圓下降到2275日圓，只下降了4％。

請大家記住以上都是名目金額。

另一方面，如果加上這段時間的物價變動，結果又是如何呢？

實際上，從1997年和2018年的消費者物價指數來看，勞動時間從99.2上升到101.7。

因此，實質時薪的跌幅為6％，當然跌得比名目時薪還要更多。

近年來，勞資談判的條件中不光是薪資，通常也包括縮短工時。

想當然，工作與生活平衡的觀念開始迅速得到共識也是原因之一。

就這層意義上來說，我希望像上述**考慮到勞動時間的實質薪資**的觀念能夠得到更廣泛的應用。

你的「秒薪」有多少？

前面一直都是有點難度的話題，讓我們在這裡稍微喘口氣！

請問各位讀者有沒有意識到「時薪」呢？

我想在公司上班的人，應該沒有幾個能夠不假思索地回答出自己的時薪。但如果是在便利商店、居酒屋等處打工的人，應該就能馬上回答：「從今年4月開始漲到920日圓了。」

我們通常都會根據自己的就業形態，以不同的單位來認識其他的事物面貌。

職業棒球選手或職業高爾夫選手會從「年收入」的角度來看，而對於一般的公司員工來說，「月收入」是最能切身感受到薪資的單位。如果是在美商金融機構工作的人，普遍是以「週薪」來計算，如果是土木工程方面的臨時工，則是採取「日薪」。那麼，「秒薪」這個單位要怎麼看呢？

我們試著從月收入30萬日圓來看起。排除特休假，平均每月工作20天的話，日薪是1萬5000日圓。假設每天加班1小時，實際工作8小時，那麼時薪就是1875日圓。1小時＝3600秒，秒薪大概是0.5日圓。換言之，你可以想像成每兩秒就會有一元硬幣落入自己的口袋，或者眼前的存錢筒裡。大家是怎麼看待秒薪的呢？是覺得「才那麼少」，還是認為「哎呀，賺得還滿快的嘛」。

04 | 這裡所說的「物價指數」 是4個中的哪一個？

首先要明確「詞彙的定義」

前雷諾汽車董事長兼執行長卡洛斯・戈恩（Carlos Ghosn）先生曾經君臨日產汽車企業集團。在卡洛斯就任日產汽車總裁時，他對員工提出了一個要求：「（在會議等場合進行討論時）要明確詞彙的定義。」並同時對會議中使用的20～30個主要名詞，都定義出明確的意思。

上任之初，卡洛斯先生並不擅長日語，但由於這是一家業務橫跨多個國家的跨國企業，各個國家的文化和商務環境都各有不同，或許正是習慣在語言不同的職場中來回穿梭的他，才具備這種獨特的觀點。

即使會議上使用相同的詞彙，如果每位發言者所表達的意思都有所不同，那麼討論也往往得不到結論。

反過來說，就連報導經濟數據的新聞，也有不少是**重新審視「詞彙的定義」，才得以釐清其本質**。

定義不同的「消費者物價指數」竟然有好幾個

那麼，經濟中最基本的概念「物價」，其定義又是什麼呢？

實際上，物價根據「定義」的不同，數值會有很大的偏差。有時甚至和前一年相差到將近1%。

「消費者物價指數」大致分為四種，每種指數的變動都有所不同。

這裡要介紹的四種代表性消費者物價指數中，其中範圍涵蓋三種指數的物價，以圖**4－4－2**來呈現。

外框（1～3）是由「**綜合指數**」（1、3）組成的「**排除生鮮食品的綜合**」（日本稱為「Core CPI」），1的部分為「**排除生鮮食品（酒類除外）及能源的綜合**」（Core-Core CPI）。其中，我們常見消費者物價指數是以「排除生鮮食品的綜合」為標準來製作。

第四個「排除等值租金的綜合」，數據會留到後面說明。

摘自消費者物價（中分類指數）表

類、項目	綜合	排除生鮮食品 的綜合	排除生鮮食品 及能源的綜合	排除持屋等值 租金的綜合
比重1萬分比	10000	9586	8802	8501
201801	1.4	0.9	0.4	1.7
201802	1.5	1	0.5	1.8
201803	1.1	0.9	0.5	1.3
201804	0.6	0.7	0.4	0.8
201805	0.7	0.7	0.3	0.8
201806	0.7	0.8	0.2	0.8
201807	0.9	0.8	0.3	1.1
201808	1.3	0.9	0.4	1.5
201809	1.2	1	0.4	1.4
201810	1.4	1	0.4	1.7
201811	0.8	0.9	0.3	1
201812	0.3	0.7	0.3	0.3
201901	0.2	0.8	0.4	0.2

（單位：％）

出處：總務省統計局

◆圖4-4-2

消費者物價指數的細目

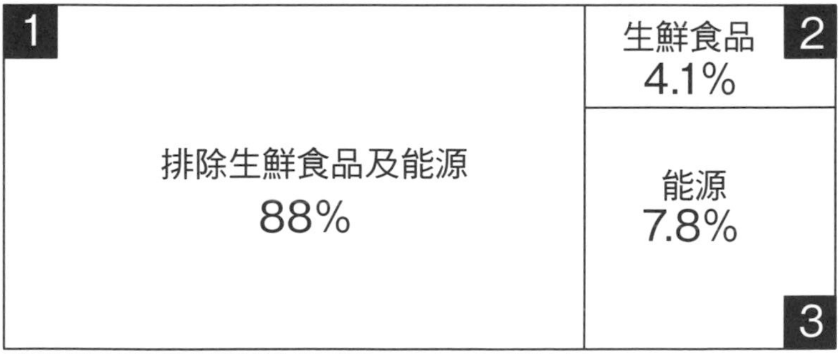

1

排除生鮮食品及能源
88%

生鮮食品
4.1%　2

能源
7.8%

3

※這張圖顯示以消費者物價指數涵蓋的所有項目為100%時，主要要素的占有率。
（但為了避免麻煩，暫不考慮等值租金）

其中具有代表性的就有四個，這當然是有原因的。

第一種指數，考量是否要加入價格受天氣影響而不規則上下波動的蔬菜等生鮮食品。若將其包含在內，數據會因為與景氣沒有直接關係的原因而產生不規則的變動。

第4章　瞭解數據的極限

137

第二種指數，考量是否包括原油等能源、資源價格等。因為中東、亞洲等地的政治、軍事混亂等突發事件會對經濟造成影響，排除這些因素更有利於判斷整體經濟狀況，這是基於上述原因而產生的觀點。

第三種指數，考量是否包含相當於持有房屋租金的要素。這點會在稍後詳細說明。

首先從數據看起。

從**圖4－4－3**的圖表上可以看出，各指數的變動有相當程度的不同。最大的原因在於是否加入能源。換言之，是否包含原油價格的變動。「排除生鮮食品及能源」的指數，走勢與其他指數完全不同。

原油價格從2015年開始急速下跌，2016年年中過後反而開始上漲，因此不同指數最大時甚至會達到1%的差距。

通常說到通貨膨脹率，就是指這裡的「排除生鮮食品的綜合」。

它也是日銀2%通膨目標的基準。生鮮食品被排除的原因，是因為要消除受天氣影響的蔬菜等價格變動。因為這些因素被認為是衡量景氣動向時的雜質。

◆**圖**4-4-3

年度比：%

消費者物價指數的差異竟如此之大

排除生鮮食品及能源

排除持屋等值租金

綜合

排除生鮮食品

2015年　2016年　2017年　2018年　2019年

出處：總務省統計局

就這一點來看，能源被包含在內的原因，也是因為它會受景氣動向所影響。也就是說，在進行景氣判斷時，判斷是否妥當發揮了作用。

左右成長率的「實質薪資上漲率」所使用的物價指數是什麼？

對於今後的日本經濟而言，**實質薪資的動向**就是核心主題之一。這大大地影響到個人消費，甚至用 GDP 顯示的成長率。

實質薪資上漲率是名目薪資上漲率扣除掉物價上漲的要素而來。

實質薪資＝名目薪資－消費者物價上漲率

這裡也出現了消費者物價上漲率。但是，這裡使用的消費者物價指數並不是剛才所說的三個其中之一。

事實上是使用**圖4－4－1**中的「排除持屋等值租金的綜合」。然而這個物價指數幾乎沒有被報導過。

這裡的重點在於「**等值租金**」。

這是基於「住在自有住宅裡的人，如果是租賃住宅的話，需要支付多少房租」這個假設下推算出來的物價（房租）。

住在自有住宅的人，並不是在買下房子後就不用支付房租了。從購買房屋到使用完畢並處分的整個期間來看，我們可以視為每個月都要支付（消費）相當於房租的金額（消費）。

不過，這畢竟是為了計算物價指數而認定的，從生活的實際感受來說，將其排除在外還是比較合適。

因此，在實質薪資的計算中，使用的是「排除持屋等值租金的綜合」。

這項指數隨著時期的不同，動向與一般使用的消費者物價指數有很大的差異。

05 | 注意開始偏離實際情況的物價指數

為什麼「消費者物價指數」與實際的生活感受不同？

經濟統計數據本來就不可能完美無缺。不僅如此,仔細觀察也能經常發現「這樣的定義真的可以計算出來嗎?」第110頁介紹的GDP慣性就是其中一例。

本章最後一節將列出消費者物價指數不能充分反映現實的原因,以及這些指數之所以容易脫離實際生活感受的重點。上一節已經說明過一部分的理由,下面會再詳細說明相關概念。

【其一】「排除生鮮食品」有悖實際感受

作為日銀目標(政策目標)的消費者物價指數,準確來說就是「排除生鮮食品的綜合」(參照第130頁)。換言之,蔬菜、水果、海鮮類等生鮮產品都被排除在外。

然而,說到我們在實際生活中切身感受到的物價變動,首先超市等生鮮商品的價格應該占了很大的比重。也就是說,以「排除生鮮食品的綜合」為基礎的指數,理所當然會偏離實際生活感受。

「排除生鮮食品的綜合」之所以被視為消費者物價的指標,是因為它排除天氣等因素的影響。換言之,**消費者物價指數本來就不是用來證明家庭的實際感受,而是作為衡量經濟狀況所使用的標準為前提來進行計算。**

【其二】「包含等值租金」有悖實際感受

鮮為人知的是,以「排除生鮮食品的綜合」為基礎的數據中,也包含「**等值租金**」的變動。

如同上一節所述,等值租金是指「居住在自有住宅的人,與居住在租賃住宅的人,兩者的房租相等,且被視為支付(消費)的房租」。等值租金是以租賃住宅的房租作為標準來計算,因此即使在通貨膨脹的時候,消費者物價也不會像一般物價那樣明顯上漲。

因此，「排除生鮮食品的綜合」（也就是包括等值租金）的物價指數上漲率，計算出來的數值要低於實際生活感受。

從長期來看，如上一節圖4－4－3所示，以「排除生鮮食品的綜合」為基礎的指數，在許多時期都低於「排除持屋等值租金的綜合」。

【其三】由於固定5年的項目而偏離實際生活感受

消費者物價統計中規定，一旦確定好調查的項目和商品，那麼在未來的五年內都不會變更。

可是我們在日常生活中經常會做出「雖然性能沒有太大變化，但推出的新產品比現在使用的還要便宜」、「換車吧」這類選擇。因此，即使中途換成更便宜、更優質的肥皂或化妝品，也不會反映在數據上。

因為不考慮物價數據，計算出來的數據往往比實際感受還要高。此稱為「**物價指數向上誤差**」。

【其四】不考慮數量的變化有悖實際感受

近年來，在維持價格不變的情況下，通過減少分量來進行實質性漲價的戰略受到廣泛運用。比方冰淇淋從120毫升減至110毫升，板狀巧克力、起司等等都採取減量的做法。不知從何時開始，人們將這種做法稱為「**隱形漲價**」。

這很顯然是一種實質漲價。儘管如此，這些情況卻完全沒有反映在官方數據上。在實務上也很難反映出來。

考慮到這一點，於是出現了在計算分量的基礎上衡量物價水準的新動向。一橋大學經濟研究所從幾年前開始公布的「**SRI一橋單價指數**」，就是用來反映這種情況的數據。

以超市等行業的POS系統獲得的每日資料為基礎，仔細查核每天的日用雜貨、食品價格，就是其關鍵。這意味著，與總務省統計局正式公布的「排除生鮮食品的綜合」為基礎的數據相比，計算出來的指數往往顯得比較高。

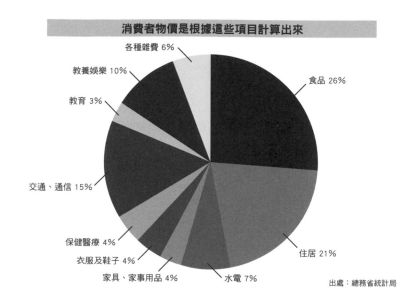

消費者物價是根據這些項目計算出來

各種雜費 6%
教養娛樂 10%
教育 3%
交通、通信 15%
保健醫療 4%
衣服及鞋子 4%
家具、家事用品 4%
水電 7%
住居 21%
食品 26%

出處：總務省統計局

【其五】沒有反映網路市場的快速擴大

儘管通過亞馬遜、樂天、Yahoo等平台的網路市場正在迅速擴大，但**現行的消費者物價指數中，幾乎所有的商品都沒有包括網路售價**。之所以有這種情況，正和過去政府自身提出的問題一樣，主要在於物價統計的基礎「家計調查」的調查對象，總體上是以老年人居多。也就是說，由於老年人很少使用網路交易，比較容易偏離現實的消費實際情況。

綜上所述，由於計算出來的數據與現實相比有高有低，因此不能簡單地斷定現行的消費者物價指數比實際情況「高」或「低」。

與實際生活感受不符的理由

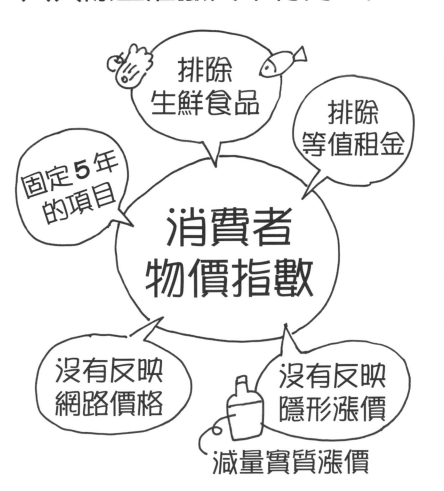

固定5年的項目

排除生鮮食品

排除等值租金

消費者物價指數

沒有反映網路價格

沒有反映隱形漲價

減量實質漲價

不能單純認定是高是低…

＜圖表陷阱　其四＞

「相同斜率」不等於
「相同變化率」

假設看到下面的圖表（只不過完全沒有數字），有些人會說「你看，最近在美股中，絕大部分的IT、數位企業，在那斯達克指數的成長都很強勁」、「沒錯，這可是過去10年來最高的成長率」、「似乎還能維持一段時間的高成長」。

這時如果我們回答「確實如此」，就完全中了對方的圈套。在這個圖表中，離現在最近的線，斜率看起來最陡。但事實上，2009年的上升速度反而更快，聽到這裡，大家應該會感到訝異吧。

實際上，2009年2月～9月，股市從1377點上漲到2122點，漲幅為54%；而2016年10月～2017年5月，股市從5189點上漲到6198點，漲幅僅有20%。

（原理與第96頁相同）

NASDAQ出現過去10年最高的漲幅？

Precondition

懷疑數據的前提條件

運動和遊戲都是遵循共同的規則,眾人
才得以進行;規則不同就無法成立。然
而不知為何,對於經濟數字,人們總是
以不同的規則和前提條件來進行討論。

01 | 比較的前提條件和時代背景相同嗎？

在「GDP成長率」上，安倍經濟學被民主黨政權完敗!?

2015年12月中，晚報《日刊現代》刊登了一篇名為「衝擊　安倍經濟學的『GDP成長率』被民主黨政權完敗」的標題，報導內容如下。

「民主黨的山井和則眾議員，於本月向內閣府提出比較民主黨政府和安倍政府時期，實質GDP成長多少的數值，結果顯示民主黨政府的數值顯然更勝一籌。

（中略），民主黨從奪下政權的2009年7～9月開始，到政權交接的2012年10～12月，實質GDP的成長率為『5.7%』，而安倍政權誕生（2012年10～12月）後的3年間（2015年7～9月），實質GDP的成長率只有『2.4%』。（中略）

抬轎媒體大肆吹捧安倍經濟學，結果卻「完敗」於民主黨政權（以下略）。」

（日刊現代2015年12月16日）

這條新聞傳出不到半天，Yahoo!新聞等好幾個新聞網站上也有報導。確實如這篇報導所言，光從GDP「5.7%」VS「2.4%」來看，安倍經濟學看似完敗（基於當時的GDP數據（※））。

問題來了，這個數字我們可以照單全收嗎？

想要具備高度的資訊素養，「吸收資訊時不囫圇吞棗」、「批判性閱讀」等能力可說是至關重要。特別像近幾年，各種網站上混雜著良莠不齊的部落格情報，或是原始出處來源不明的大量文章，在這樣資訊混亂的情況下，對所有網路資料「囫圇吞棗」是非常危險的一件事。

即使只單純地比較日本的「GDP成長率」……

這篇報導後來怎麼樣了呢？至少在我看來，沒有找到任何評論對這篇報導做出正確的反應。

在這個時代，一個政府實施經濟和金融政策，已經沒有多大能力足以控制該國的經濟成長率。貨幣政策也是如此，它一定會受到海外局勢的莫大影響。

這就是經濟的全球化。換句話說，**日本的經濟其實有一半以上必須視海外局勢的發展而定。**

第136頁提到的消費者物價，現在幾乎不再由國內的供需平衡來決定。日本消費者物價的基本方針取決於海外的原油、鐵礦石、稀有金屬、穀物等國際商品行情，以及美元兌日圓的匯率。

說到這裡，我想大家應該都明白了。即使不追究上述報導中的民主黨政府和安倍政府時期的全球經濟動向，單純比較日本的「GDP成長率」，也無法得出各個政府的經濟政策優劣。

與全球經濟連動性不斷提升的日本經濟

為了觀察全球經濟的動向，這裡試著參考IMF（國際貨幣基金組織）的資料，如圖 **5－1－1**所示（均為年度比）。

如以下這張圖所示，民主黨政府與後繼的安倍政府時期，全球經濟的基本狀態完全不同。

◆圖5-1-1

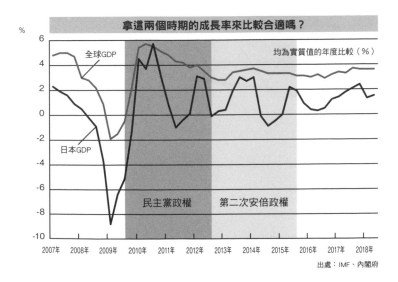

出處：IMF、內閣府

說到民主黨政府上台的2009年7～9月，正巧是從前一年爆發的雷曼事件中觸底反彈，全球經濟處於高度成長的時期。事實上，從2010年第一季到第四季，全球GDP的成長率一直處於極高水準，與前一年相比均超過5％。

　　相較之下，安倍經濟學開始實施時，已經是歷經一輪大震盪之後的事。

　　下面請看按年度製作的全球和日本長期GDP走勢的圖表（**圖5－1－2**）。

　　至少從GDP來看，日本經濟與全球經濟的波動在一定程度上密切相關。

　　與其他許多國家一樣，日本的經濟已經完全融入全球經濟的一系列結構之中。

　　「中國經濟衰退導致日本經濟成長放緩」

　　「在美國內需順利成長的背景下出口成長」

　　「由於中東地緣政治風險加劇，導致油價上漲，有可能會拉低日本的成長率」

　　如今已是這類資訊隨處可見的時代。

　　在全球化已經徹底深入全世界的現代，日本經濟成長的根基正受到全球經濟所壓制。一國的政治、經濟政策所發揮的效力遠遠不如二、三十年前。

◆圖5-1-2

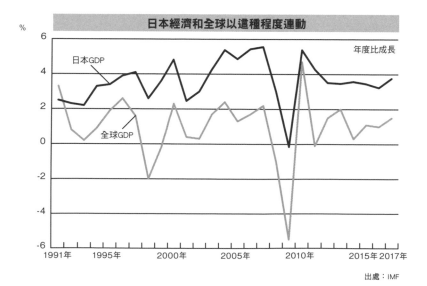

出處：IMF

148

拋開全球經濟動向，就無法評價日本經濟

如果**不參考當時全球經濟的狀況，就無法對日本的經濟政策進行評價**。

刻意無視全球經濟的整體動向，僅憑表面上的數值（數據）來討論政策的優劣，這樣的情況並不罕見。

舉例來說，在黑田就任日銀總裁之前，有位以批判日銀政策而廣為人知的著名經濟學家，他將白川擔任日銀總裁時代的日銀政策，與2013年上台的黑田所領導的日銀政策效果進行比較。這位經濟學家說（以下只列出重點）：

「日銀的主要政策目標是穩定物價和改善失業率。無論從通貨膨脹率或從失業率來看，與白川總裁時代相比，黑田總裁時代的日銀政策效果顯然更好。」

這裡作為前提的因果關係為「日銀的政策」是原因，「物價」和「失業率」是其結果。可是，白川總裁時代（2009年～2013年3月）和黑田總裁時代（2013年3月～）的時代背景完全不同。

當前的全球經濟可說是牽一髮而動全身，單純地比較貨幣政策的效果，而刻意忽略全球經濟的動向是處於完全不同的時期，這樣的說法很顯然有很大的問題。

※　GDP數據的計算標準於2016年12月變更。因此，本節所討論的時間點是基於舊標準的GDP數據，但這裡顯示的是現行標準的GDP數據。因為從現行標準的GDP數據來看，也幾乎不會對討論的本質產生影響。

02| 股價也區分名目和實質

考慮物價水準的「實質值」

我剛開始在第一家公司（債券、金融專業報社）工作的時候，起薪是10萬日圓。那是1975年8月的事。

假設我現在的月收入是這個數字的5倍，也就是50萬日圓，那麼我現在是過著「五倍富裕享受的生活」嗎？——當然不是。畢竟物價水準和當時已不可同日而語。

當時一碗拉麵才200日圓左右，現在約需700日圓。這樣的話，從拉麵購買力（！）來看，我的實際收入並非增加五倍，而是只增加4成左右。

換句話說，**在比較中長期的價格和指數時，唯有通過調整物價，才能夠瞭解其實質意義**。

不知何故，人們只會用「名目值」來談論「股價」和「金價」

但是，在討論股價時，通常只會討論名目值。

大家都很清楚一個概念，經濟價值分為不考慮物價水準的名目價值，以及考慮物價水準的實質值。然而，當我們聽到「日經平均股價恢復到27年前的水準」這樣的新聞時，往往會忘記這個常識。

「2018年9月回到2萬4000日圓附近的日經平均股價，時隔27年又恢復到1991年的水準。」當然，這是毋庸置疑的事實。

但是，比如像很多人購買的日經225連動型指數基金。它是一種在設計和運用方面原則上與日經平均股價連動的信託基金。

換句話說，扣除成本不看，大致上與日經平均股價的走勢相同。在這種情況下，即使恢復到27年前的水準，也不能因為兩者走勢相同，就認為這一股「恢復到27年前的價值」。

如果物價在這段期間出現上漲，就不能說這個信託基金的真正價值和27年前一模一樣。如**圖5－2－1**所示，這段期間的物價上漲約10％。這表示，即使日經平均股價相同，其實際價值也應該被視為下降了10％。

黃金的價格也是如此。黃金是公認「抗通貨膨脹」、「一旦中東發生衝突，價格就會

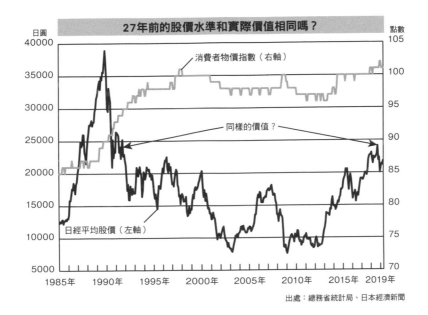

日圓　　　　　　　　　　　　　　　　　　　　　　　　　　　　點數

27年前的股價水準和實際價值相同嗎？

消費者物價指數（右軸）

同樣的價值？

日經平均股價（左軸）

出處：總務省統計局、日本經濟新聞

上漲」的商品，被認為是緊急情況下可以依靠的金融資產。

　　黃金作為投資資產的零售價格最高出現在1980年。當時每公克為6000日圓。

　　有人會說：「現在是1500日圓左右，差不多是當時的四分之一吧。」但不能這麼看。因為當時的消費者物價只有現在的三分之一左右。也就是說，現在黃金的真正價值應該視為十二分之一比較適當。

　　我們在計算薪資時，第一時間都會聯想到「物價不是上漲了嗎，必須扣掉上漲的部分才對」。然而，在面對股價和黃金價格時，我們往往會忘記這些常識。

　　看待股價和黃金價格時，人們經常只看表面上的數字來判斷其高低。

在「消費者物價指數」中，很多耐久財的「價格」都在下降

　　這句話也適用於物價本身。

　　舉例來說，雞蛋的價格在過去的二、三十年裡幾乎沒有什麼變化。值得一提的是，1949年上映的電影《青色山脈》（原節子、池部良主演）的開頭場景中，就曾出現

飾演女主角的原節子以15日圓的價格販賣雞蛋的一幕。

換言之，當時的價格和今日差不多。這就是「雞蛋是物價優等生」一說的由來。

然而，從這段期間消費者物價指數大幅上漲十幾倍的角度來看，與其說「雞蛋價格沒有上漲」，不如說「**雞蛋價格實際上大幅下降**」才對。

下面說個有點意思的話題。

我們平時看到的「消費者物價指數」，不一定能反映現實物價的價格。

現在在計算消費者物價指數的時候，「**當性能提升而價格不變時，從性能提升的角度來看，實際上可以視為該商品本身的價格下降**」。我們要在這樣的前提下計算物價指數。簡單來說，如果性能提升一倍，而價格不變，那麼就可以認為該商品本身的價格降低了一半。

這樣一來會出現什麼結果？

現在的智慧型手機性能高出十年前的智慧型手機十倍以上。無論是計算速度、每秒

◆圖5-2-2

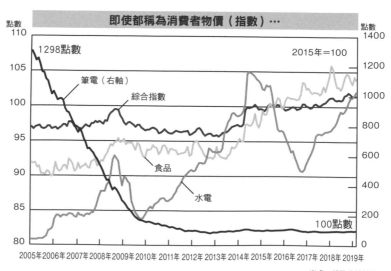

即使都稱為消費者物價（指數）…

出處：總務省統計局

152

傳輸的資料量、或者儲存空間的容量，都遠遠高出不止十倍。

以iPhone為例，在這段期間，表面上的價格已經翻了約一倍。這表示，以iPhone的價格是五分之一為前提來估算價格，以此為基礎來計算物價指數。攝影機和各種音響設備也一樣。

因此，包括這類數位裝置在內的許多耐久財的價格，就像圖5－2－2中的筆電一樣急速下跌。

單從這一點來看，就能明白計算物價指數並不是一件簡單的事。

不管怎麼說，隨著IT和數位科技的進步，使得「同樣的生產成本，性能更好的產品會不斷出現」，所以相應地，這些產品的物價將會永遠（？）持續下降。

153

⓪③ | 懷疑數據的單位

用「卡路里」來表示的「糧食自給率」

我想大概有不少日本人都抱有「日本的糧食自給率很低」、「在已開發國家中幾乎墊底」這樣的印象吧。

「現在無論是魚或蔬菜,幾乎都是從國外進口。」

「冷凍食品之類的廉價商品,基本上都是中國、台灣、泰國製造的。」

那麼,這裡試問各位。「日本的糧食自給率是百分之多少?」──我想大部分的人都會回答:「非常低吧,聽說好像只有30～40%。」

「小麥和大豆應該有80～90%以上是進口的,鰻魚也有一大半是從中國等地進口。」應該有很多人都會這麼回答。

如果是行家,應該都具備「加拿大、澳洲等國家的自給率確實超過了100%」這類知識。

事實上確實是如此。日本農林水產省公布的數據中,2017年公認最權威的糧食自給率為38%(根據平成29年度供需表)。

但要注意一點,這是**基於卡路里計算出來的數字**。也就是說,它是將所有糧食換算成卡路里後得到的數字。

閱讀這些數據時,思考的要領和需要注意的地方包括「名詞是怎麼定義的」、「這個單位沒問題嗎」。

「以生產額為基礎的糧食自給率」達到66%!

這裡就出現一個問題了,那就是「糧食自給率應該以卡路里為基準嗎?」。從一般的經濟規模來說,這裡當然應該以「金額為基準」來計算和表示。以農產品為例,就是生產額。

事實上,現在農林水產省的資料中也有「**以生產額為基礎的糧食自給率**」的表格(項目)。

從**圖5-3-1**和**圖5-3-2**可以看出,**日本的糧食自給率竟然達到66%**。日本國內消費(需求)的糧食為16兆6017億日圓,其中有10兆9121億日圓是由日本國

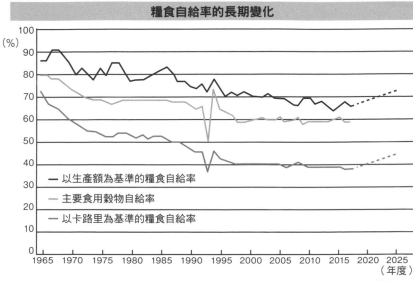

糧食自給率的長期變化

— 以生產額為基準的糧食自給率
— 主要食用穀物自給率
— 以卡路里為基準的糧食自給率

出處：農林水產省

◆圖 5-3-2

2014年度糧食自給率

以卡路里為基準

項目	國產熱量	總供給熱量
米	517kcal	531kcal
小麥	47kcal	333kcal
薯類	32kcal	49kcal
澱粉	14kcal	153kcal
大豆	21kcal	75kcal
蔬菜	55kcal	73kcal
水果	21kcal	81kcal
畜產品	47kcal	425kcal
魚類	57kcal	97kcal
砂糖	62kcal	192kcal
油脂類	10kcal	367kcal
其他	22kcal	88kcal
合計	924kcal	2,445kcal

自給率：38%

以生產額為基準

項目	糧食的國內生產額	糧食的國內消費目標金額
米	1兆9,279億日圓	1兆9,576億日圓
小麥	415億日圓	2,824億日圓
薯類	1,749億日圓	2,562億日圓
澱粉	430億日圓	1,088億日圓
大豆	355億日圓	762億日圓
蔬菜	2兆4,864億日圓	2兆7,858億日圓
水果	8,215億日圓	1兆3,123億日圓
畜產品	2兆9,509億日圓	5兆1,584億日圓
魚類	1兆3,526億日圓	2兆8,721億日圓
砂糖	1,684億日圓	3,331億日圓
油脂類	2,297億日圓	6,063億日圓
其他	6,819億日圓	8,526億日圓
合計	10兆9,121億日圓	16兆6,017億日圓

自給率：66%

出處：農林水產省

第 5 章　懷疑數據的前提條件

內生產來供應。

　　追溯過往的資料，自給率在平成初期時是落在70％左右。話說回來，日本的糧食

自給率應該視為38％好呢？還是66％好呢？

讓我們趕緊下結論。實際上，幾乎沒有一個國家是以卡路里作為基準來計算國內的糧食自給率。

如果能像這樣打開天窗說亮話的話，感覺就沒什麼大不了的，但其實直到2000年左右，農林水產省官方公布的糧食自給率都只以卡路里為基準。

然而，這在日本國內引發「只以卡路里為基準來呈現糧食自給率有些奇怪」、「應該用國際標準的數據來表示」等議論，因此農林水產省也順應民意，開始公布以生產額為基準的數值。

為何日本的「糧食自給率」是以卡路里為基準呢？

這裡出現兩個疑問。

第一個問題是，**為什麼日本的糧食自給率若以卡路里為基準，計算出來會這麼低**？

這是因為在日本，卡路里相對較高的小麥、大豆等穀物，還有砂糖、油脂、食用肉等自給率非常低的緣故。換句話說，就是對進口的依賴度很高。

◆圖5-3-3

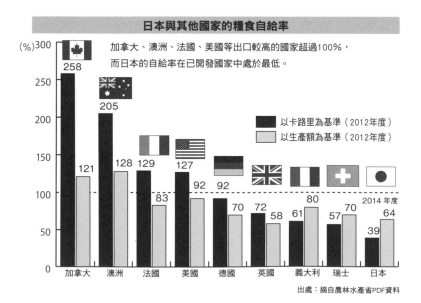

日本與其他國家的糧食自給率

(%)300

加拿大、澳洲、法國、美國等出口較高的國家超過100%，而日本的自給率在已開發國家中處於最低。

■ 以卡路里為基準（2012年度）
□ 以生產額為基準（2012年度）

出處：摘自農林水產省PDF資料

另一方面，蔬菜等卡路里偏低的食品，自給率相當偏高。這樣一來，以卡路里為基準的自給率當然會偏低。

第二個疑問是，**為什麼農林水產省迄今只公布以卡路里為基準、計算出來的數字極低的糧食自給率呢**？

關於這一點，不妨回顧第1章第11節的內容，看看在爭論是否參與TTP的問題上，農業、畜產等業界都在反覆強調什麼樣的主張就能明白。

也就是「我國的糧食自給率很低」→「這樣下去會讓我國在糧食方面無法自力更生」→「因此有必要提高糧食自給率」→「為此必須增加農林水產的相關預算，以圖振興農業和畜牧業」的主張。為了擴大這項主張，公布自給率時最好盡可能地採用較低的數字。

在食用的糧食大多依賴國外進口的情況下，如果實施號稱基本零關稅的TTP，就會愈來愈依賴國外的糧食。這樣一來，一旦在緊急情況下受到國外進口的限制，日本就會立刻陷入絕境。這就是所謂的**糧食安保問題**。

當然，任何人為了讓自己的主張更容易通過，都有自己的一套理論。但我認為，如果因此只公布明顯缺乏理性的數據，這顯然有點不對勁。

為了支持農業，自給率採用較低的數字…

04 | 這句話的定義是否正確？

由在職世代支撐的年金制度

目前對日本來說，「**如何確保高齡者領取的年金資金來源**」是最大的問題之一。隨著少子高齡化的快速發展，負擔年金資金的人和領取年金的人，兩者之間的平衡正在不斷惡化當中。

現行的公共年金制度，並非採取將存下來的資金拿來運用，等到將來領取年金的時間一到再行領取這樣的機制。而是由現在正在工作的在職人員，利用其繳納的年金保險費，來支付高齡者的年金。

目前是「每2.2個年輕人扶養1名老人」，可以確定的是，到了2025年會變成「1.8個年輕人扶養1名老人」，2045年是「1.4個年輕人扶養1名老人」。

雖然經濟預測總是落空，但對於這類人口相關的預測卻有很高的機率能正確預測出來。這也是理所當然的。

「所得替代率50%」
不表示「實際領取金額為在職時期的50%」!?

在制定年金財政計畫時，最重要的概念是「所得替代率」。這是「65歲開始領取老年年金時，一般家庭領取的老年年金金額」需設定為在職世代所得的百分之幾的標準。如果不設定這個標準，就無法決定年金保險費和年金支付金額。

目前是設定為50%。換言之，政府告訴我們是在不低於這個標準的前提下設計年金財政。

因此，當聽到「所得替代率50%」時，任誰都會認為「實際領取金額是在職時期的50%」。會這麼想也是人之常情。

這時可能有人會認為「既然這樣，那麼避免不必要的浪費，盡量節省的話，應該還能維持下去吧。」

然而說實話，這種想法有點天真。

只要看一下「50%的所得替代率」這個公式的內容就能恍然大悟。你會發現和我們從這句話中得到的第一印象截然不同。

分母和分子的計算標準不同的修辭

所得替代率的計算，簡單來說可以用以下公式計算。

65歲時家庭領取的年金金額（按收入計算）／在職世代的所得（按實質可支配所得計算）

分母以扣除稅金和社會保險費後的金額為標準；而分子的年金領取金額是以扣除這些費用之前的金額為標準。

令人意外的是，**分母和分子計算金額的標準竟然完全不同。**

這不禁讓人驚呼：「怎麼會這樣？」

從表面上來看，計算出來的替代率當然很高。以常識來說，這一點非常奇怪吧。

事實上，我們領取的年金也要拿來繳納稅金，還要扣除介護保險費。

也就是說，**年金的實質支付額比名目支付額還要低。**

關於這個問題，在野黨曾在2016年11月的國會上提出質疑。當時的最大在野黨民進黨的長妻昭是這麼說的。

「從目前的公式來看，家庭的所得替代率表面上是分母為在職世代的平均實拿薪資，分子是年金領取金額。分子、分母均為實拿金額或和表面一致，諸位認為這樣子計算能夠貼近國民的實際生活感受嗎？請問安倍內閣對此有何高見。」

（摘自2016年12月28日提出的〈關於年金制度所得替代率的質詢備忘錄〉／長妻昭）

但是直到現在，所得替代率的定義都沒有改變。違背我們常識的定義仍被原封不動地使用。真讓人難以理解。

順帶一提，所得替代率在每五年進行年金財政驗證時會重新評估，最新的一次是根據2014年度的財政驗證得出。

◆圖5-4

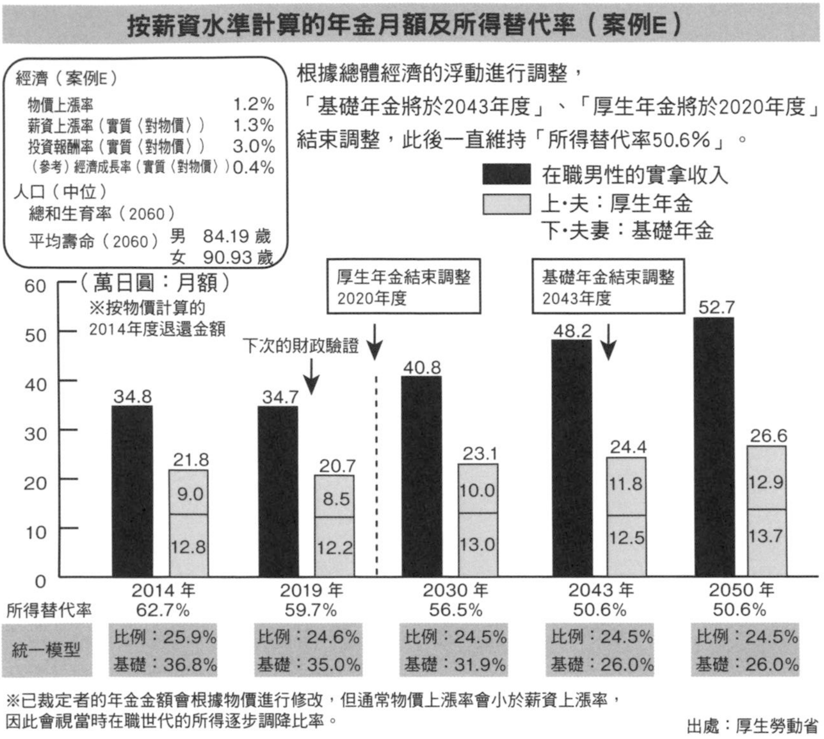
按薪資水準計算的年金月額及所得替代率（案例E）
經濟（案例E）
物價上漲率 1.2%
薪資上漲率（實質〈對物價〉） 1.3%
投資報酬率（實質〈對物價〉） 3.0%
（參考）經濟成長率（實質〈對物價〉）0.4%
人口（中位）
總和生育率（2060）
平均壽命（2060） 男 84.19 歲
女 90.93 歲
根據總體經濟的浮動進行調整，
「基礎年金將於2043年度」、「厚生年金將於2020年度」
結束調整，此後一直維持「所得替代率50.6%」。
在職男性的實拿收入
上•夫：厚生年金
下•夫妻：基礎年金
（萬日圓：月額）
※按物價計算的
2014年度退還金額
厚生年金結束調整
2020年度
基礎年金結束調整
2043年度
下次的財政驗證
60
50
40
30
20
10
0
34.8
21.8
9.0
12.8
34.7
20.7
8.5
12.2
40.8
23.1
10.0
13.0
48.2
24.4
11.8
12.5
52.7
26.6
12.9
13.7
2014 年
2019 年
2030 年
2043 年
2050 年
所得替代率
62.7%
59.7%
56.5%
50.6%
50.6%
統一模型
比例：25.9% 基礎：36.8%
比例：24.6% 基礎：35.0%
比例：24.5% 基礎：31.9%
比例：24.5% 基礎：26.0%
比例：24.5% 基礎：26.0%
※已裁定者的年金金額會根據物價進行修改，但通常物價上漲率會小於薪資上漲率，
因此會視當時在職世代的所得逐步調降比率。
出處：厚生勞動省

從**圖5－4**來看，目前的替代率為62.7%。假設今後的經濟成長率維持在中等水準，若在職世代的月收入為34.8日圓，那麼一對夫妻就可以領取21萬8000日圓的年金，但之後替代率還會逐步下降，預估約30年後的2043年為50.6%，尚可維持在50%。

但正如前面所提到的，依我們的常識來看，替代率確實已經跌破了60%，實質替代率再過不久應該就會低於50%。

年金問題對於其他國家來說，多少都算得上是國家財政的一大問題。雖然各國都有列出所得替代率的目標，但**沒有一個國家是使用分母和分子標準不同的公式**。

這種事只會發生在「日本這個神奇的國度」。

神奇的國度日本

（按收入計算）
稅金、保險費扣除前

$$所得替代率 = \frac{年金領取金額}{在職世代的所得金額}$$

（按可支配所得計算）
稅金、保險費扣除後

OECD 為

$$總所得替代率 = \frac{年金金額（扣除前）}{報酬（扣除前）}$$

$$淨所得替代率 = \frac{年金金額（扣除後）}{報酬（扣除後）}$$

標準不同的公式很奇怪！

05 | 持有股票的數據是名目還是實質

「流量」與「存量」

在處理經濟數據時，把「**流量**」和「**存量**」這兩個名詞區分開來，通常會比較容易理解。**流量是指一定期間內產生的數量或金額；存量是指在某個時間點的數量**。改說成餘額、餘量是不是就比較容易理解呢？

舉例來說，水壩每天從上游流入10萬噸的水，假設在某個時間點的蓄水量為580萬噸，那麼10萬噸的數據就稱為流量，580萬噸稱為存量。

換成家庭收支來看，薪資等收入就是流量，金融資產餘額就是存量。

這裡順便提一下國際收支統計中的「經常收支」。例如，日本在一年內通過與各國進行的經濟交易，從中獲得多少金額，支付多少金額，都會記錄在經常收支當中。

反觀「對外淨資產」是指經過不斷累積，顯示在海外各國擁有多少淨資產（總資產－總負債）的項目。

「名目」與「實質」

另一方面，**觀察經濟數據時，是「名目」或「實質」也非常重要。**

我認為在大部分的情況下，「名目值」應該可以理解成考慮到物價變動後的「實質值」。但在眾多的經濟金融數據中，有不少數據必須透過物價以外的要素進行調整。

將名目值換算成實質值的時候，調整的不光只有「物價」。

第24頁中提到的「個人實質股票持有金額」的數據就屬於這種情況。

這個數據是出現在日本銀行彙整的「資金循環帳戶」統計中，但在一般的新聞報導中，經常都無法讓人清楚地知道這些數據究竟是實質值還是名目值。

股價明明在上漲，實際持有金額卻減少？

「經濟數據分為流量和存量」、「經濟數據分為名目和實質」──如果從這兩個角度來觀察資金循環帳戶的家庭金融資產數據，就會發現一個有趣的事實。

眾所周知，安倍經濟學開始實施前不久，股價就一路節節攀升。當時應該有很多人都在思考「預期股價還會上漲，所以買股票的人應該會增加」、「已經擁有股票的人也

一定期間產生（流量）

日流量**10**萬噸

蓄水量**580**萬噸

某個時間點的數量（存量）
（水壩）

換成家庭開支來看

薪資是流量，存款是存量

會因為預期上漲而增加持股」、「這樣一來，從整體個人來看，股票的持有量當然也會增加」。

然而從結論來看，事實上在這段時間裡，**個人持有的股票，實質持有金額幾乎都在一路下跌**。

這樣說可能會讓很多人感到意外，但這正是報章雜誌沒有對數據做出正確解讀的最有力證據。

根據這項統計，在安倍經濟學實際上開始實施前的2012年底，家庭持有的上市股票共計62兆日圓。而到了2018年12月，這個數字更膨脹到97兆日圓。

大家應該會認為「趕上股價上漲的趨勢，新買進股票的人果然增加了」吧。那麼，

◆圖5-5

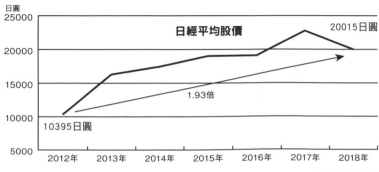

	2012年	2013年	2014年	2015年	2016年	2017年	2018年
現金、存款	873	893	910	926	944	969	984
債券等	31	29	27	24	24	24	24
股票等、信託基金	169	230	246	253	242	283	242
家庭持有上市股票	62	88	93	99	96	114	97
家庭持有信託基金	58	71	80	78	73	76	67
保險、年金	486	498	510	517	518	522	523
對外證券投資	18	18	24	20	24	24	22
其他	32	31	34	37	33	32	35
合計	1609	1699	1751	1777	1786	1854	1830

日經平均股價為1.93倍，家庭股票持有金額為1.56倍??

出處：日銀、資金循環帳戶

出處：日本經濟新聞

家庭在這段期間果然還是通過多多買進股票來增加持有額嗎？

股票持有額是以金額為基準，並且是以當時的股價（時價）為基準計算出來的數據，所以這只是名目值。

其實在這段期間，日經平均股價從1萬395日圓上升至2萬15日圓。平均股價為1.93倍，股票持有額卻只有1.6倍。

這表示，雖然這段期間名目上成長1.6倍，但實際上個人的股票持有額減少了將近兩成。

日本的個人偏好「逆向操作」

政府經常重覆「從儲蓄到投資」的口號，股票雖然屢創新高，但個人的實質股票持有額卻反而減少……。

不過，如果觀察過去的資料，就能輕易看出，日本的個人往往會在股價上漲時拋售股票，股價下跌時買進股票。這種行為稱為「逆向操作」。

這些人所盤算的不是「乘勝追擊」，而是「上漲之後就會下跌」。他們的想法是「因為股價上漲，就在這個價格附近出脫一部分，以確保獲利」。

在這一點上，美國等地的機構投資人，通常都是採取在股票開始上漲時大量買進，開始下跌時立刻拋售這種「順勢而為」的投資行為。

⓪6 | 不同的前提下不進行比較

日本8%的消費稅真的很低嗎？

看到關於提高消費稅的報導，有不少人都會覺得「看似有點奇怪」。總覺得，現在日本流傳有關消費稅增稅主題的報導內容有相當大的偏見（偏向）。

「在日本財政狀況如此惡劣的情況下，為什麼還有人會購買日圓？飽受全球第一財政負擔壓得喘不過氣的日本國債收益率，為何卻是世界最低的？」對於這些問題，至今仍有人回答：「**因為日本的消費稅稅率很低，從全球的角度來看，認為還有上調的空間。**」

對於這些意見，恐怕有不少人都會同意說：「這話說得倒是不錯。因為日本的消費稅不管怎麼說也只有8％。反觀歐洲各國隨隨便便都是20％或25％起跳。北歐甚至還有國家的消費稅率高達27％。」各位想一下，這樣說是正確的嗎？

英國的食品等商品的稅率為零！

開門見山地說，這個觀點是錯誤的。因為歐洲各國真正的（實質的）加值型營業稅率絕對不是20％或25％（嚴格來說，消費稅和加值型營業稅是兩種不同的東西，這裡先不多做解釋）。

仔細觀察就會發現，例如法國和英國的加值型營業稅為20％，瑞典出現25％時的稅率是「**標準稅率**」。只要是抱著想認真傳達事物的態度所進行的報導，一定會加上「標準」這個名詞。

那麼，什麼是「標準」呢？意思就是「表面上的」。也就是名目值。

實際上，歐盟各國的加值型營業稅的真正稅率，與「標準稅率」所顯示的比率是一種似是而非的數值。這是因為**在歐盟許多國家的加值型營業稅制度中，從商品到服務，有相當廣泛的範圍都適用「輕減稅率」或「免稅」。**

舉例來說，法國的標準稅率是20％，但食品和農產品用的肥料等適用5.5％的輕減稅率，報紙和醫藥品適用2.1％的減輕稅率。此外，英國的食品、書籍、報紙、雜誌、兒童服裝的稅率為零，家用燃料等稅率為5％。即使在標準稅率為22％的義大利，肉類、火腿、建築、麵粉、米、藥、肥料等商品的稅率也減輕10％；生鮮蔬

菜、牛奶、人造奶油、起司、奶油、書籍、報紙等商品甚至適用4%的超輕減稅率。

更有趣的是，在義大利和法國等國家，在餐廳內用時是以標準稅率計算，如果外帶回家則是以輕減稅率計算，在食品方面採取非常嚴格的措施（日本也在2019年10月上調稅率時導入這種制度）。

歐盟各國的「有效稅率」幾乎是「標準稅率」的一半

之所以要設置這些不課稅或減輕稅率的規則，是為了要緩解加值型營業稅所具備的累退性。主要是考慮到如果所有商品都適用這個標準稅率的話，很明顯會加重對食品和醫藥品等消費比例較高的百姓稅賦。

日本過去也不是沒有這類減輕稅率。事實上，房租、學費、介護保險相關的醫療費等，稅率都是零。

看到這裡，想必大家都已明白，與截至2019年4月尚未對食品等採取任何減輕措施的日本消費稅率相比，日本在食品、書籍、醫藥品、報紙等方面的稅率早已高於歐盟各國。

如果只看標準稅率的話，完全看不出這樣的實際情況。然而，這些內容卻幾乎都沒有被報導出來。

歐盟輕減稅的範例

（法國）雖為 **20**%
食品、農產品肥料 —— 5.5%
報紙和醫藥品 ———— 2.1%

（英國）雖為 **20**%
食品、書籍、報紙、兒童服裝 — 0%
家用燃料 —————— 5.0%

（義大利）雖為 **22**%
食肉、火腿、麵粉、米、藥、肥料 - 10%
新鮮蔬菜、牛奶、人造奶油、起司、報紙裝 - 4%

如果將這些輕減稅率計算在內，歐盟的實質加值型營業稅率是多少呢？調查結果如圖**5－6**所示。

這裡所提到的「**有效稅率**」，是指消費的一半是按20％的標準稅率來課稅，另一半按5％的輕減稅率課稅時，「有效稅率為12.5％」的意思。

這樣的話結果如何呢？**大多數國家的有效稅率只有約標準稅率的一半，義大利和英國等國家甚至連一半也不到。**

相比之下，可以看出日本的有效稅率，比例較標準稅率還要高。這意味著，日本在2019年尚未實施輕減稅率之前，成為免稅對象的商品相對較少。

最後再強調一遍，這種實際情況幾乎沒有被報導出來。

◆圖5-6

歐盟主要國家的加值型營業稅、標準稅率和有效稅率

	標準稅率（％）	歲入比率（倍）	有效稅率（％）
匈牙利	27	0.57	12.9
丹麥	25	0.60	15.0
瑞典	25	0.60	15.0
義大利	22	0.38	8.4
西班牙	21	0.43	9.0
法國	20	0.49	9.8
英国	20	0.44	8.8
德國	19	0.56	10.6
（日本）	8	0.71	5.7

出處：OECD 的「Consumption tax trends 2018」

※ 何謂歲入比率：對於100元的消費，在標準稅率為20％的情況下，實際稅收（歲入）為12元。此時的有效稅率為12％，相當於標準稅率20％的0.6倍，這個數字就是歲入比率。

經濟有「總體」和「個體」之分

經濟分析一般分為「總體」和「個體」。總體經濟是俯瞰整個國家的國民所得、經濟成長率、物價水準、失業率這類整體的經濟狀況。相較之下，在個體經濟的世界中，我們可以觀察到個人和企業的經濟行為。

兩者之間存在著一些障礙。譬如，從個人的角度來看是值得歡迎的事，從整體的角度來看卻不歡迎的「合成謬誤」就是典型的例子。

以個人的角度來說，「對未來感到不安的時候，節省消費、努力儲蓄的做法是理性的」，但這種行為一旦擴散會導致整個國家「消費及生產減少，薪資下降，經濟活動縮小，國民生活變得窮困」。

也就是說，在個體層面上的理性行為，以整體來看會帶來不理想的結果。

然而，所有的經濟活動都互有關聯。

這表示，從個體層面觀察到的經濟數據，也經常可以作為總體層面的經濟數據來觀察。

在這種情況下，根據重視哪種數據，對經濟的看法也會有很大的不同，這並非什麼罕見之事。

比方說，通過第2章第6節中提到的「實質薪資與就業者所得的關係」，應該就能理解這些例子。

COLUMN
11

＜圖表陷阱　其五＞
注意刻度的設定

　　這是本書介紹的最後一個圖表陷阱。老實説（在這裡坦白一切），本書為了進行印象操作，也在某個地方稍微使用了圖表陷阱。因為不是那麼引人注目的陷阱，所以我想應該沒有人會察覺。

　　那就是第4章第2節中「如果政府拿出新的指標……」的圖表（第129頁）。

　　讓我來揭曉謎底。為了盡可能讓GNI的值看起來比GDP還要大，我故意讓左邊的刻度從480兆日圓開始算起。這就是為什麼GDP和GNI之間的差異特別突出的原因。

　　那麼，如果刻度是從零開始計算會變成怎樣呢？這樣的話，兩者看起來就不會有太大的差別。兩種圖表都沒有造假。但是，沒想到不同的畫法，竟會給人留下截然不同的印象。

差別不如想像中那麼大的GDP和GNI？

GDP　　GNI　　GDP 成長%　　GNI 成長%

出處：內閣府

Cause and effect relationship

第 6 章

質疑數據的因果關係
（擺脫既有常識）

前面已經看過許多經濟指標和數據的本
質問題和陷阱。讓我們在這一章重新審
視經濟的「常識」，同時學習正確掌握未
來經濟的幾個基本技巧。

01 | 出口的匯率敏感度急劇下降

出口量無法增加＝不是實力而是銷售額增加

第二次安倍政權實際上是在2013年啟動的。其面臨的第一個問題就是「**日圓貶值得這麼厲害，為什麼出口沒有增加？**」。

當然，出口金額有增加。但出口數量並沒有隨之增加。

出口金額＝單價×出口量

首先從出口金額講起，賣出1萬美元的汽車⇒從1美元兌80日圓變成100日圓⇒銷售額從80萬日圓增加為100萬日圓。換言之，日圓貶值，銷售額就會自動增加。很簡單吧。

當時，豐田汽車的豐田章男社長就曾說過：

「銷售額增加只不過是順風時的參考紀錄。」

也就是說，一旦風平浪靜（無風），時間（銷售額）肯定會下降。他想表達的是，這時的銷售增加，靠的不是自身實力。

那麼，什麼是實力？這就是這裡要討論的出口數量問題。

銷售額是名目值，銷售輛數（數量）是實質值。換成用下面的方式思考就比較容易理解了。

電費比一年前上漲10％。這段期間多出10％的電費。換句話說，電力的使用量（KW）沒有變化。雖然名目上漲，但實質消費量仍維持不變。這個時候，沒有必要增加電力的生產量。因此，也就不會進行設備投資。

出口量不會因日圓貶值而增加的原因

那麼，為什麼首相官邸會傷腦筋呢？

各位可能會覺得「日圓貶值使得銷售額增加，這不是一件好事嗎？」。然而，實際上卻並非如此。

這是一個直接關係到在經濟中如何看待金額資料和數量資料的重要主題。

實際上「**日圓一旦貶值，出口量應該會增加**」，這是自古以來的常識。可是政府卻

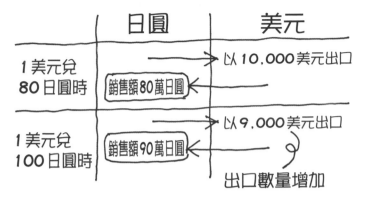

日圓貶值導致出口數量增加的圖表

	日圓	美元
1美元兌 80日圓時	銷售額80萬日圓	以10,000美元出口
1美元兌 100日圓時	銷售額90萬日圓	以9,000美元出口

出口數量增加

注意到「**日圓明明在貶值，但實際的出口數量幾乎沒有成長**」。這是為什麼？

最主要的原因在於，雖然日圓大幅貶值，但日本企業並沒有降低以美元計價的出口價格。如果是以前，應該會降低價格，站在價格優勢的立場上銷售更多的數量才對。

1美元＝80日圓時售價1萬美元的汽車，在1美元＝100日圓時，銷售額會自動變成100萬日圓。過去在日圓貶值得這麼厲害的時候，會採取把售價降低到9000美元的戰略。

這樣一來，在美國進口汽車的企業就會「減少向其他廠商採購，從日本汽車公司進口」。也就是說，出口數量會增加。這就是貶值帶來的效應，在價格方面具有很強的競爭力。

然而在這段時期，日本很多企業都沒有採取這樣的戰略，價格不動如山。這是因為在2008年雷曼事件之後，日圓急劇升值而造成龐大的損失，所以很多企業都想「抓住日圓貶值的機會來確保獲利」。

「日圓貶值出口量就會增加」已不再是常識

另一個原因是，當時**只要降低價格就能增加銷售數量的出口產品已經大幅減少**。洗衣機、冰箱、電鍋、微波爐等白色家電就是其中的代表產品。

◆圖6-1-1

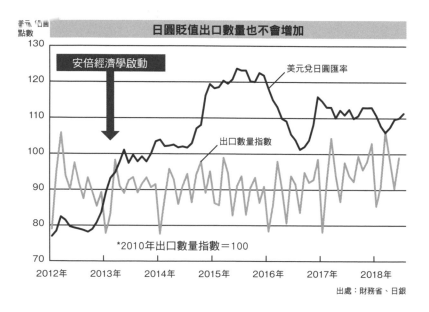

美元/日圓
點數

日圓貶值出口數量也不會增加

130

安倍經濟學啟動

美元兌日圓匯率

120

110

出口數量指數

100

90

80

*2010年出口數量指數＝100

70

2012年　　2013年　　2014年　　2015年　　2016年　　2017年　　2018年

出處：財務省、日銀

　　這些產品與韓國、中國、台灣等地的企業競爭，如果價格便宜，銷量就會增加，在銷售競爭中就會站在有利的位置。可是，當時日本國內已經幾乎不再生產這類產品，當然出口也跟著銳減。

　　那麼，在這段時期是什麼成為出口的主力呢？

　　電機方面有智慧型手機裡的小型馬達、液晶面板、相機感測器、鋰電池、時鐘零件等。這些高附加價值產品的出口市占率大幅提升。

　　日本引以為傲的飛機引擎零件、混合動力車、各種建設機械、自動省力化機械（工業機器人）等大型產品也是一樣。

　　這些高附加價值的零件和產品，並不是降價就能大量賣出。不管價格多少，海外進口商都有「只能買日本Ｔ公司的產品」的認知。**這些東西並非降低價格就能夠增加出口量。**

　　綜合以上所述，儘管日圓貶值，出口數量卻沒有增加，這對安倍經濟學來說是最大的失算。

　　強力的日圓貶值政策促使日圓貶值，如果出口數量增加，國內生產就會增加，成長

率也會提升，因為這些是政府所圖的目標。

如果出口數量沒有增加，國內生產就不會增加。生產沒有增加，代表GDP的成長率也不會上升。這樣一來就傷腦筋了。

日圓貶值雖然增加出口金額，但出口數量卻沒有相應增加。這是日本首次遇到這樣的經驗。

已經沒有關係了？「美元兌日圓匯率」與「出口」

日銀的調查也證實美元兌日圓匯率與出口數量之間的關係發生變化。日銀於2018年公布關於「出口匯率敏感度」的試算，以分析匯率的變動對日本的出口帶來什麼樣的影響。

根據該項調查，在2000年代中期，日圓兌美元升值10日圓，出口量減少了3%，但從2010年前後開始減少率急速下降。

而到了2017年，這個數字終於轉為0～−0.1％。換句話說，美元兌日圓的匯率和出口數量之間已經幾乎毫無關係了。

◆圖6-1-2

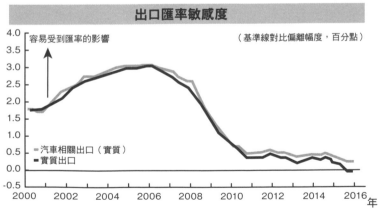

出口匯率敏感度

容易受到匯率的影響　　　　　　　　　　（基準線對比偏離幅度，百分點）

■汽車相關出口（實質）
■實質出口

註：日圓兌美元匯率貶值10%的衝擊，四期累積變化　　出處：IMF、BIS 日本銀行、財務省等

⓪2 | 匯率與股票，關聯性現正切斷中

直到2016年左右，仍是「日圓升值＝股票下跌」、「日圓貶值＝股票上漲」，但……

「日圓升值＝股票下跌」、「日圓貶值＝股票上漲」一直被視為常識。近年來還是這樣嗎？未來這個常識還通用嗎？

從圖表（**圖6－2－1**）可以看出，2012年為9000日圓的日經平均股價，在2015年下半年來到2萬1000日圓。在這段期間，「美元兌日圓匯率」從80日圓升到125日圓。換言之，日圓匯率每變動45日圓，日經平均股價就上漲1萬2000日圓。美元兌日圓匯率每變動1日圓，股價就跟著變動270日圓。兩者呈現這樣的關係。後來到2016年年中股價下跌的時候，匯率也是以同樣的幅度整齊劃一地連動。

數據的移動程度會導致另一邊的數據如何變化，定量分析這兩個數據之間的關係是非常重要的一點。

◆圖6-2-1

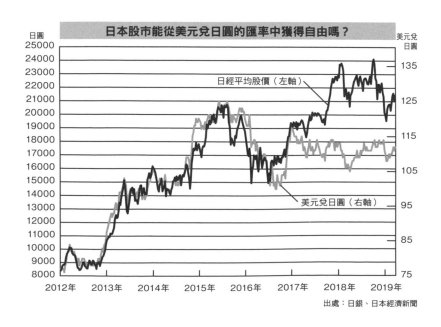

日本股市能從美元兌日圓的匯率中獲得自由嗎？

日經平均股價（左軸）

美元兌日圓（右軸）

出處：日銀、日本經濟新聞

1美元＝1日圓的日圓匯率變化會導致豐田汽車的營業利潤減少400億日圓，這也是同樣的道理。

以上所提到的美元兌日圓匯率與股價的關係，從2016年下半年開始，這種關係逐漸切斷。

從圖6－2－1來看，從2017年開始的兩年多，在這段期間，日圓兌美元升值了10日圓左右，股票卻上漲2000日圓。很明顯，兩者的關係正在發生變化。日圓升值，股票卻在上漲。這是為什麼？

通過當地採購擴大海外生產

其主要原因在於，首先是**日本企業將生產基地搬移到海外，或者將生產委託給當地的趨勢進一步發展**。其次是**搬移到海外的工廠，其生產所需的零件和原料等，改由在當地採購的腳步加快**所致。

即使把工廠搬移到海外，只要從國內出口生產所需的零件和原料，日本的出口也不會減少許多。

但是，在海外設立的汽車組裝工廠，輪胎、銅板、儀器、馬達等各種零件都在當地採購，這樣的趨勢開始逐漸擴大。不僅是進行最終組裝的豐田汽車，向豐田提供零件的承包企業也紛紛將工廠搬到海外。要不然就是加強向當地的外國企業採購零件。

像這樣，零件和原料的採購⇒組裝⇒銷售都在當地（海外）進行的話，會變成什麼情況呢？沒錯，企業的業績幾乎不會受到日圓貶值或升值等匯率的影響。

「非製造業」的結構將超越「製造業」

除此之外，非製造業在日本整個產業中的占比增加也是原因之一。通信和建設這類不容易受到匯率變動影響的企業成長也是一大要因。

根據日經新聞的報導：

「2019年3月，非製造業的經常利益（包括金融）預計為26兆日圓，超過製造業（24兆日圓）。2019年3月以後將維持超越製造業的狀態」（2018年10月4日「質疑一般說法②『日圓升值利潤就會減少』是真的嗎？」）換句話說，容易受到匯率影響的廠商（製造業）在整個產業中所占的比例確實正在下降當中。

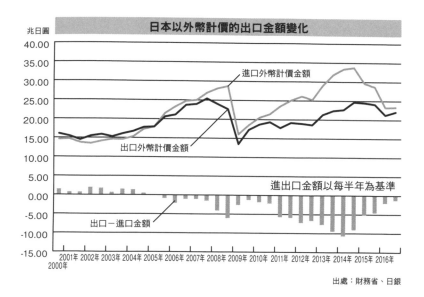

出處：財務省、日銀

　　根據瑞穗綜合研究所整理的報告《日圓升值對企業收益的影響》（2018年5月11日）來估算，日圓升值10％將造成製造業的企業獲利減少3.7兆日圓（30％），非製造業的獲利增加3.5兆日圓（8％）。兩者增減幅度幾乎相同，整體只減少2000億日圓。附帶一提，日本國內所有產業的營業利潤為67兆4000億日圓（2017年度）。

　　也就是說，即使日圓升值10日圓，從包括製造業和非製造業在內的整體來看，企業獲利的水準也不會出現太大變化。

　　這有違我們的既有常識。原本應該是「由於日本是以出口立國，因此從整個產業界來看，日圓升值會導致企業業績惡化，股票也會先一步下跌」才對。

對於日本整體產業來說，或許真的是
「日圓貶值的好處＜日圓貶值的壞處」也說不定

　　關於日本的出口企業受到匯率影響的結構，我們學習到下面的內容。

　　「如果1美元＝150日圓變成120日圓，那麼以1萬美元出口的汽車，銷售額將從150萬日圓減少為120日圓。也就是說，一旦日圓升值，銷售額就會下降。相反

地，要花1萬美元進口的汽車，原本需要支付150萬日圓，結果只需支付120萬日圓。換言之，由於可以便宜購買，因此在日本國內的銷售價格也會下降。」

這些說明是建立在進出口「以美元計價」的前提下。然而，實際情況卻完全不同。

本來在進出口貿易中，受匯率變動直接影響的就是以美元等外幣計價的部分。那麼，對於出口和進口，日本企業分別是使用什麼作為結算貨幣呢？

財務省每半年會對其進行統計並對外公布。

根據財務省公布的資料，**日本的出口中，以美元計價的比率為50%，以日圓計價的比率為39%。反觀進口，以美元計價的比率為73%，以日圓計價的比率為22%。**再加上，一年的出口金額差不多為64兆日圓，進口為71兆日圓（以上為2018年年中的數據）。

也就是說，在交易價格不變的情況下，**日圓貶值導致的支付成本增加（71兆日圓×73%），比日圓貶值以美元計價出口獲得的超額報酬（64兆日圓×50%）還要多。**

儘管如此，還是有很多人認為日圓升值會造成日本出口的損害。原因在於很多教科書都是以日本企業進行的所有出口都以美元計價為前提，始終強調「日圓升值對出口不利」。

這不禁讓人懷疑，日本政府是不是想要灌輸「日本是靠出口賺錢的國家，日圓升值會給整個日本帶來麻煩」這類印象。

順便一提，在企業相關稅制變更等情況下，擁有重要影響力的經濟團體聯合會，其掌控者為製造商，也就是出口企業。只要確認經團聯的歷屆會長是誰，就會一目瞭然。雖然中途曾歷經組織的變革，但從1948年的第一任會長（日產化學工業），到第十四任會長（日立製作所），全部都是由製造商的會長或社長出任經團聯會長一職（只有第七任是被歸類為服務業的東京電力會長）。

換言之，這個組織是由製造商所主導營運的。東芝、新日鐵（現日本製鐵）、豐田汽車、佳能、住友化學……這些代表日本的出口企業，就如閃耀的繁星般一字排開。這只能說是非常完美的巧合。

03 | 即使供給貨幣，物價也不會上漲

「物價」已經不能用「貨幣政策」來控制了？

原本日銀的2％通貨膨脹政策目標是，利用人們對物價上漲的預期來刺激消費，進而改變各種產品和服務的供需平衡，以促使物價進一步上漲。按道理來說應該會出現這種結果。

說得更詳細一點，就是「**人們相信物價會上漲而提前消費**」→「**所以物價上漲**」→「**上漲之後，更多的人預期還會上漲**」→「**於是更急著購買**」→「**東西賣出去**」→「**生產增加**」→「**就能擺脫通貨緊縮**」，整個過程大致是這樣。

簡而言之，就是「**通過刺激人們的消費來提高物價**」的作戰策略。

只可惜，這個計畫可以說是完美地落空了。企業也一樣，起碼不會在國內積極進行設備投資。因為不買商品，導致物價沒有上漲。

物價已經走到國內的貨幣政策無法控制的地步，已經再也不受控制。

下面介紹一段小故事。

◆圖6-3

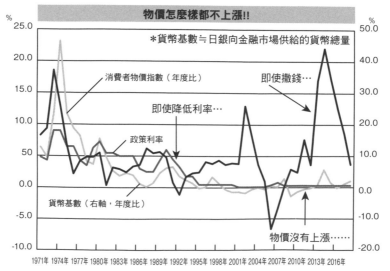

出處：日銀、總務省統計局

2015年，日銀的黑田總裁就物價未如預期上漲一事，以彼得潘為例，拋出一個稍微出人意料的故事，一時之間蔚為話題。

他在日銀主辦的國際會議上說：「彼得潘在懷疑自己能不能飛行的瞬間，他就永遠飛不起來了。」

這句話或許帶著「我既然是政策的負責人，無論如何都會相信量化寬鬆具有拉抬物價效果」的決心，同時也蘊含著「人們也相信物價將會上漲，並積極地進行消費和投資」的願望。

但不管怎麼說，在這個時候，即使已經採取相當規模的量化寬鬆措施，物價也沒有上漲，這無疑讓人感到焦躁不安。

原因到底出在哪裡？

顯而易見，量化寬鬆政策已經沒有辦法再拉抬物價了。

其中一個理由在於「**繼中國之後，孟加拉和越南製造的衣服、雜貨等廉價商品持續大量供應**」、「**實質薪資下降，從而抑制消費**」。這些都不難理解。

但是，除此之外還有三個非常重要的原因。

量化寬鬆無法拉抬物價的三個原因

第一個原因是，以 Mercari 或 Yahoo! 拍賣為象徵的中古商品市場迅速擴大。

到目前為止，我們作為前提的經濟活動是「生產和銷售產品，讓顧客購買。使用期限一到就廢棄，再重新購買新的產品」。原則上，在經濟社會中交易的商品總是以新產品為前提。

但是，隨著上述中古商品交易市場的擴大，某人擁有的物品在中古市場上輾轉流通的過程中，出現了每次交易的使用價值都會不斷擴大再生產的系統。

例如LV的包包在某個時期歸A小姐所有，後來又陸續到了H小姐、K小姐的手上，像這樣設置時間差，使所有權一一轉移。

中古市場的經濟領域一旦擴大，新產品就會滯銷。由於供過於求，從而導致價格下降。也就是說，一個商品在最終被廢棄之前的利用價值提高了。

第二個原因是，共享經濟正在穩健擴張，使得「擁有」和「使用」開始分離。

到目前為止，想使用物品，前提是必須擁有。然而，現在不必擁有也可以使用。譬如共享汽車，顧名思義，這是與他人共享汽車，使用多少就支付多少錢的系統。這導致年輕人不再買車。

數位革命降低物價

第三個原因是精確地將需求和供給連結在一起的數位科技快速發展，帶來了上述經濟結構的巨大變化。

智慧型手機的功能迅速進步就是較具代表性的象徵。Mercari、Yahoo! 拍賣、二手書買賣等，都是通過智慧型手機或電腦，開發出隨時都能立即連接需求和供給的系統而出現的。

此外，多功能智慧型手機不僅減少對許多電器設備的需求，而導致其價格降低，在出版、影視、音樂領域中，數位化也大大地降低擴大再生產的成本。

比起 CD，Apple Music 的成本更低；比起 DVD，Youtube 的成本更低。比起實體書，電子書的再生產成本更低，售價也更便宜。

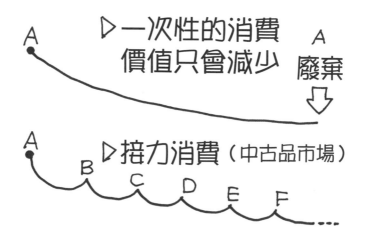

這樣看來，數位科技的發展確實能降低生產成本，這個產業領域比想像中還要更加廣泛。這也導致物價無法上漲。

再加上，近年來隨著通訊技術的進步，為了滿足需求和供給兩方面的需要，各種名為「訂閱服務」的全新服務正在迅速發展當中。比方說，只要支付一定的費用，每週最多可以使用四件高級服飾，或者可以任意挑選名牌包。

說到消費者物價，大家可能會認為只是物品的價格。可是，實際上構成消費者物價指數的商品，其中有一半是服務。

其代表是各種休閒（教育娛樂）、交通、通信、運輸、醫療、教育以及保險等各種金融交易。

像是汽車保險等各種保險費用的降低等，以對人為前提的各種服務，價格都在明顯下降。

這也是因為不需要透過人力介入，用智慧型手機或電腦就能輕鬆簽約的緣故。

蘇黎世保險公司的汽車保險是日本保險郵購的先驅，當時甚至有新聞報導稱「汽車保險費的降低促使整體消費者物價下滑」。近年來，日本的損害保險和人壽保險公司，也通過數位網站建立的保險簽約系統迅速普及。

物價是經濟中最重要的因素之一。

由於上述經濟結構的巨大變化，使得物價經常承受下降的壓力。

這導致舊有的貨幣政策無論供給多少貨幣，也只是白費力氣。因為用來拉抬物價的能量有超過一半被吸收掉了。

⓪④| 貨幣政策不起作用了！

利率下降會導致煩惱資金的企業增加？

這是大家都曾學過的經濟常識。然而，當我們再重新回顧一遍，難免會感到有些疑問。「**通過量化寬鬆降低利率的話，身為借款方的企業負擔就會減輕，景氣就會好轉**」就是其中之一。

稍微思考一下就會明白，這裡只是從「減輕企業借款成本」這個過程來描述降低利息對經濟的影響。「有借方就有貸方」──這是經濟的基本觀點。

因為經濟交易總是雙向，具有交換行為。有買就有賣，有借方就有貸方。如果只描述其中一方的情況就得到結論──仔細一想，這還真是不可思議。

事實上，如果現在降低利率，不僅個人，也會有一堆企業會感到一個頭兩個大。

一旦利率降低，無論個人和企業都會感到頭痛，這說明景氣會變得更糟。

這是為什麼呢？

支撐戰後快速成長的「人為低利率政策」的終結

個人像螞蟻一樣拼命工作，將賺來的錢存在低利率的銀行帳戶中，銀行像是理所當然地以非常低的利率貸給企業，從而使企業恢復活力。

這就是戰後日本經濟快速成長的祕訣，令世界嘆為觀止。

為了挽救遭受毀滅性打擊的企業，戰後的經濟政策採取將利率強行壓低，靠利率來收集存款，再以低利率貸給企業，理所當然地建立起這樣的系統。

這個政策後來被稱為「**人為低利率政策**」。

以這樣的時代背景為前提，建立起「低利率可以使經濟復甦」的理論。而且，這項政策也確實發揮了相當程度的效果。

然而，時代已經和過去截然不同。如今即使降低利率，也幾乎看不見景氣全面復甦的徵兆。到底是哪裡發生了變化？

從直覺上可以得知的有「**個人擁有跟過去無法相提並論的大量金融資產**」，而且「**有許多企業已經不再需要貸款了**」。

下面讓我們來看看實際數據吧。

企業和家庭的金錢均過剩!?

在經濟高度成長的1980年底，法人企業擁有的金融資產為312兆日圓，負債為400兆日圓。由此可以看出有89兆日圓的「超額負債」。

到了2017年底，這兩項數據分別為1173兆日圓和952兆日圓，資產反而比負債多出221兆日圓。

那麼，家庭的情況又如何呢？1980年底只有327兆日圓的金融資產，到了2017年底成長為1831兆日圓。相較之下，負債僅從133兆日圓增加到317兆日圓。

也就是說，**家庭和法人企業的「資產」均大幅增加，遠遠超過了「負債」。**

家計和法人企業兩個部門相加起來，在過去的37年裡，「金融資產」和「金融負債」的差距從正150兆日圓變成正1735兆日圓。

我們可以從圖6−4−3中來瞭解其原因。以1998年為界，從表示各年度資金出入的資金流來看，企業已完全轉移到「資金剩餘」組這邊。當然，家庭一直都是「資金剩餘」組。

◆圖6-4-1

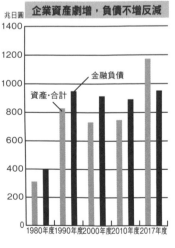

出處：日銀

◆圖6-4-2

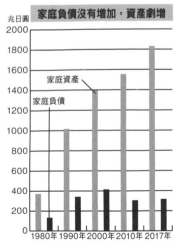

出處：日銀

「利率下降景氣就會恢復」已然成為過去的常識

根據以上的說明，各位怎麼看呢？到目前為止，我們看似常識的印象應該是「企業資金不足」→「家庭基本上資金充裕」→「所以家庭貸款給企業，企業利用這些資金進行各種設備投資和研發等活動」→「由銀行扮演資金仲介者的角色」。

但是，這樣的結構如今已經完全崩解了。

企業在1998年以後，從資金不足組轉變成資金剩餘組是有原因的。

在此之前的**1997年，是日產生命和北海道拓殖銀行破產、山一證券主動停業的一年**。日本經濟一下子陷入了危機。

再加上景氣衰退，許多企業突然減少新的投資，使得這部分的資金大量閒置。

按理來說，在景氣衰退的時候，新投資的跌幅會大於企業獲利的跌幅，因此會剩下大量資金。之後又因為設備投資等和企業獲利相比相對低迷，使得許多企業開始累積大量的金融資產。

這樣一來會發生什麼情形？**愈來愈多的企業開始認為利率下降會導致利息減少，而對此感到頭痛。**

從民間整體來看，與降低利率所帶來的「借錢成本降低」的正面效應相比，「存款利息減少」的負面效應反而更大。

日銀目前正在推行的史無前例大規模量化寬鬆政策，其目的之一就是「通過降低利息來減少借方的成本，使其增加投資和消費，進而提高物價」。

也就是想藉此擺脫通貨緊縮。這個道理正是許多教科書上所寫到的內容。

然而，基於以上事實，今後的教科書或許必須將內容改寫如下。

「在企業擁有巨額剩餘資金，家庭存款接近1000兆日圓的現在，『降低利息』帶來的負面影響更大，其中包括存款、債券利息減少，企業和家庭的所得也隨之減少。」

這麼說起來，2017年日銀的黑田總裁在瑞士蘇黎世進行的演講曾一度引發轟動。因為他提到過度的量化寬鬆，可能會產生不好的影響。

當時的宗旨是，如果利率過低，對金融機構來說，存款和貸款之間的利率差距就會大幅縮小，導致無法從中獲利，從而影響到貸款給企業這項原有的業務。

不管怎麼說，「利率下降景氣就會恢復」這個傳統觀念，現在似乎必須大幅改寫了。

◆圖6-4-3

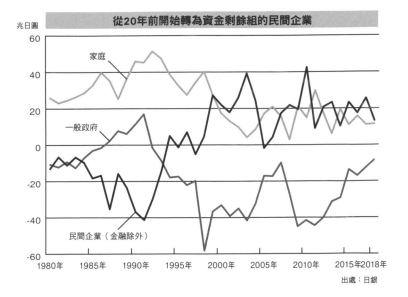

兆日圓

從20年前開始轉為資金剩餘組的民間企業

60

40　　　家庭

20

　　一般政府

0

-20

-40　　民間企業（金融除外）

-60

1980年　1985年　1990年　1995年　2000年　2005年　2010年　2015年2018年

出處：日銀

第6章　質疑數據的因果關係（擺脫既有常識）

05｜利率或許不會再上漲

個人存款的價值將每年減少9兆日圓？

人們對薪資縮水（也就是實質薪資下降）特別敏感，但對於**個人持有的900兆日圓以上的存款正在逐年縮水**這件事，似乎不怎麼關心。

當然，生活的富裕程度不僅取決於以薪資為代表的流量收入，也取決於靠利息、股利增加的存款和股票等存量資產的持有數量多寡。

然而，我認為能夠真正意識到存款實際價值正在日益減少的人已經不多了。

自安倍經濟學開始實施以來的六年間，家庭的存款名目上增加約100兆日圓，但實際價值卻減少幾乎一半，也就是50兆日圓，各位知道這件事嗎？

50兆日圓這個數字的根據如下。

目前的存款利率為1年定期0.01％。這種幾乎是零利率的狀態已經持續了好幾年。即使手頭上有100萬日圓的存款，只要有一次在ATM的指定時間外提款，就會被收取108日圓的手續費，這樣實際的存款利率就會變成負數。

安倍經濟學開始實施以來，六年間的平均通貨膨脹率為每年1％。這意味著900兆日圓的存款每年有9兆日圓的實際價值正在持續減少。

六年共約50兆日圓。這相當於過去六年名目上增加的100兆日圓的一半。

人們很難注意到緩慢的變化

由於2014年4月增加3％的消費稅，使得消費者物價上漲了2％。實際上是2％，因為有免稅項目。

很多人都認為這導致個人消費的下降，也扼殺了日本剛要萌芽的經濟復甦，卻很少有人提到存款的實際價值正在減少。

試想一下，每月消費25萬日圓、每年消費300萬日圓的家庭，需要負擔的消費稅是6萬日圓。這種負擔增加的情況，只在2014年發生過一次。

但是，如果這個家庭擁有300萬日圓的存款，以1％的通貨膨脹率來計算，每年都會減少3萬日圓。

我們對一次性上漲2％或3％的成本會顯得特別敏感，但對於每年上漲1％這種緩

慢的變化卻反應遲鈍。

曾經風靡一時的「**溫水煮青蛙理論**」就是用來描述這個現象。

直接丟進熱水中的青蛙，會因為嚇得立刻跳出來而獲救。但如果是放進溫度緩緩升高的溫水當中，青蛙就不會察覺到溫度的變化，等到感覺水溫變高的時候，青蛙早已失去從水裡跳出來的力氣和體力。

過去也有過幾次存款縮水的情況。

從**圖6−5**的圖表可以看到，時間點落在1973年和1978年的第一次、第二次石油危機，還有1997年和2014年消費稅上調，以及2008年國際商品行情高漲時。

無論是哪個時期，通貨膨脹率都超過存款利率。換言之，存款減少了。

請大家再次觀察圖表。

長時間…慢慢減少 **1**％…

灰線為1年的定期存款利率，黑線為消費者物價的漲幅。

2010年時，存款利率約0.3%，物價上漲率約 2.4%。也就是說，在這個時期，即使存款利息只有0.3%，但由於物價下降約2.4%，因此可以認為存款的實際價值上漲了2.7%。

這就是**存款的實質利率**。用來顯示這個實質利率的是長條圖。

「日銀的異次元量化寬鬆」的本質是什麼？

那麼（接下來是重點），過去的存款縮水最多一年就結束了。相比之下，我們現在遇到的存款減少，並不是短期內就能解決的問題。

為什麼呢？因為**現在我們正在經歷的存款減少，背景和過去的存款減少時有相當大的不同。**

現階段存款減少的最大原因在於，日銀透過強力手段，將利率控制在較低水準，以作為安倍經濟學的一環。儘管如此，景氣仍幾乎沒有真正好轉的跡象。

即使部分利率為負值，也無法實現經濟復甦，日銀就更不可能放棄低利率政策。

原本日銀宣布的「透過量化寬鬆來達成2%的通貨膨脹目標」政策，並非單純地提高物價，而是希望通過降低實質利率，為企業等資金借款人創造有利的條件。

如果大量供給貨幣，利率就會下降，也會導致物價上漲。因此，「實質利率＝名目利率－物價上漲率」會下降。

這樣一來，對於企業等資金借款人來說，「利率成本降低」、「用這筆資金購買（投資）的東西會升值，所以有利可圖」，一共有這兩種好處。

從存款方的角度來看，這時會有「利息減少」、「物價上漲，支付金額增加」這兩種痛苦。

換句話說，**日銀的異次元量化寬鬆的目標，是將資產（財富）從存款人的手上大量轉移到借款人的手上！**

而且，至今景氣尚未出現真正復甦的跡象，量化寬鬆政策仍在持續，存款仍在不斷損失當中。

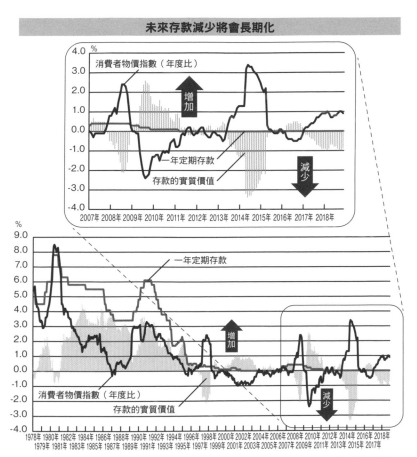

未來存款減少將會長期化

消費者物價指數（年度比）

增加

一年定期存款

存款的實質價值

減少

一年定期存款

增加

消費者物價指數（年度比）

存款的實質價值

減少

出處：日銀、總務省統計局

角川總一

1949年出生於大阪，現為金融數據系統（金融データシステム）的代表董事。著書超過00冊，在10多家雜誌上連載經濟、金融、貨幣等領域的文章，平均每年舉辦50場以上以銀行員為主要對象的研討會，資歷長達20年。評論範疇以初級金融、經濟、市場、貨幣等相關領域為主，一直堅持談理論前先拿出數據的立場。

解讀新聞中的經濟數字

出　　　　版／楓葉社文化事業有限公司
地　　　　址／新北市板橋區信義路163巷3號10樓
郵 政 劃 撥／19907596　楓書坊文化出版社
網　　　　址／www.maplebook.com.tw
電　　　　話／02-2957-6096
傳　　　　真／02-2957-6435
作　　　者／角川總一
翻　　　　譯／趙鴻龍
責 任 編 輯／江婉瑄
內 文 排 版／謝政龍
校　　　　對／邱鈺萱
港 澳 經 銷／泛華發行代理有限公司
定　　　　價／380元
初 版 日 期／2021年12月

國家圖書館出版品預行編目資料

解讀新聞中的經濟數字 / 角川總一作；
趙鴻龍翻譯. -- 初版. -- 新北市：楓葉社
文化事業有限公司, 2021.12　面；　公分
ISBN 978-986-370-347-1（平裝）

1. 經濟發展　2. 日本

552.31　　　　　　　　　110016870